CW01665324

Compañeros

CURSO DE ESPAÑOL

CUADERNO DE EJERCICIOS

Nivel 3

Francisca Castro
Ignacio Rodero
Carmen Sardinero
Begoña Rebollo

ele
Español Lengua Extranjera

SGEL

Primera edición, 2009
Segunda edición, 2010
Tercera edición, 2011
Cuarta edición, 2012

Produce: SGEL – Educación
Avda. Valdelaparra, 29
28108 Alcobendas (MADRID)

Diseño de cubierta: Ignacio Rodero Sardinero
Maquetación y diseño de interior: Verónica Sosa y Leticia Delgado
Ilustraciones: Ángeles Peinador
Fotografías: Archivo SGEL, Getty Images, Cordon Press, S. L., Shutterstock Images LLC

ISBN: 978-84-9778-476-4
Depósito legal: M-39384-2011
Printed in Spain – Impreso en España

Impresión: Gráficas Rógar, S.A.

CONTENIDOS

PUNTO DE PARTIDA

VOCABULARIO

1 Añade dos palabras a la serie.

1 terremoto, tornado, _______, _______.
2 tren, camión, _______, _______.
3 simpático, alegre, _______, _______.
4 gimnasio, salón de actos, _______, _______.
5 testigo, robo, _______, _______.
6 dolor de cabeza, tos, _______, _______.

2 Completa el crucigrama.

HORIZONTALES

1 Hoy tengo fiebre y no puedo ir al colegio, estoy _______.
2 Me gusta mucho la química, sobre todo cuando vamos al _______ a hacer experimentos.
3 El medio de transporte más rápido es el _______.
4 Mi padre defiende a los acusados, es un buen _______.
5 Mi madre siempre coge el _______ para ir a trabajar.

VERTICALES

6 La _______ ha mojado el campo de tenis y no se puede jugar.
7 Juan está _______ de Teresa. Le ha escrito un poema de amor.

3 Relaciona los verbos del recuadro con las fechas.

casarse • ir al colegio • aprender a conducir
nacer • tener hijos • ir a la universidad
comprarse un coche • encontrar trabajo
acabar los estudios

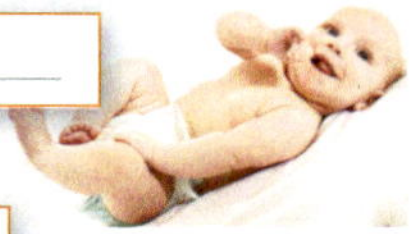
1980 ____________

1983 ____________

1998 ____________

1999 ____________

2003 ____________

2004 ____________

2005 ____________

2006 ____________

2009 ____________

4 Completa las frases con alguno de los verbos del recuadro.

reutilizar • contaminar • reciclar • apagar • proteger
malgastar • tirar a la basura • cerrar el grifo

1 Para poder ____________ el papel, debemos echarlo en los contenedores.
2 Hay que ____________ las luces cuando salimos de clase.
3 No dejes el grifo abierto para no ____________ el agua.
4 No debemos ____________ las pilas.
5 Es importante ____________ las bolsas de plástico para no ____________ el planeta.
6 ____________ a los animales en peligro de extinción es obligación de todos.

GRAMÁTICA

Presente

1 Forma frases.

A	B
Yo	canta muy bien.
Sergio Ramos	no les gustan las verduras.
Avril Lavigne	comen en el instituto.
A los niños	somos buenos amigos.
Los estudiantes	juega al fútbol.
Ana y yo	voy de compras con mi hermana.

1 ______
2 ______
3 ______
4 ______
5 ______
6 ______

2 Completa las frases con la forma correcta del presente de los verbos entre paréntesis.

1 Yo ______ (levantarse) a las 7:30 de la mañana.
2 Mi madre ______ (salir) del trabajo a las 6 de la tarde.
3 A mis hermanos ______ (gustar) jugar al fútbol.
4 Nosotros ______ (ir) al instituto juntos.
5 ¿Tú ______ (hablar) francés?
6 María y tú ______ (estar) en la misma clase.
7 La madre de Pedro ______ (comprar) frutas y verduras por internet.

Pretérito imperfecto

3 Escribe las formas correspondientes del pretérito imperfecto.

1 comprar (yo) ______
2 abrir (tú) ______
3 tener (ellos) ______
4 jugar (vosotros) ______
5 escribir (nosotros) ______
6 ir (yo) ______
7 estar (tú) ______
8 ducharse (ellos) ______
9 salir (él) ______
10 leer (vosotros) ______
11 hacer (nosotros) ______
12 decir (ella) ______
13 levantarse (yo) ______
14 vivir (tú) ______

4 Completa con la forma correcta de los verbos entre paréntesis.

1 Mis abuelos ______ (vivir) en Valladolid.
2 Yo ______ (hacer) la compra en el mercado del barrio.
3 Mi hermano de pequeño ______ (dibujar) muy bien.
4 Mi abuela ______ (cocinar) mejor que mi madre.
5 Yo antes ______ (ir) al cine con mis padres.
6 Tú ______ (tener) un perro llamado Lucas.
7 Cuando yo era pequeño, mis primos ______ (venir) a casa todos los domingos.
8 Mis amigos y yo ______ (jugar) al fútbol en el colegio.
9 Adrián y tú ______ (leer) un montón de tebeos.
10 Mi padre ______ (ser) del Real Madrid.

Pretérito indefinido

5 Completa la biografía de David Beckham con el pretérito indefinido de los verbos del recuadro.

vivir • tener • nacer (x2) • jugar
trasladarse • fichar • casarse

David Beckham [1] ______ en Londres, en 1975. Desde 1995 hasta 2003 [2] ______ en el Manchester United. En 1997 [3] ______ con la ex Spice Girl Victoria Adams. Ellos [4] ______ dos hijos: Brooklyn y Romeo. En 2003 [5] ______ por el Real Madrid y la familia Beckham [6] ______ a Madrid. Allí [7] ______ su tercer hijo, Cruz, y [8] ______ cuatro años.

6 **Completa las frases con la forma correcta del pretérito imperfecto o pretérito indefinido de los verbos entre paréntesis.**

1 Cuando yo ________ (ser) pequeño, ________ (saber) tocar la flauta.
2 Mi primo no ________ (tener) un ordenador, hasta que ________ (empezar) a trabajar.
3 ¿________ (estar) vosotros en clase cuando ________ (entrar) el director?
4 Eva se ________ (romper) el brazo cuando ________ (ir) al Retiro.
5 Los chicos ________ (encender) la televisión cuando ________ (acabar) los deberes.
6 Tú no ________ (ir) a la fiesta porque no ________ (estar) en la ciudad.
7 Nosotros no ________ (comer) la paella porque ________ (estar) muy salada.
8 Yo ________ (ver) por primera vez el mar cuando ________ (tener) 10 años.
9 Vosotros ________ (vivir) en Barcelona hasta que vuestro padre se ________ (cambiar) de trabajo.
10 Cuando Sergio ________ (abrir) la puerta, Paula ________ (llevar) una peluca azul.

Pretérito perfecto

7 **Mira los dibujos y completa las frases con la forma correcta del pretérito perfecto.**

1 Ella ________ (comprar) un reloj nuevo.
2 ¿Vosotros ________ (escalar) una montaña?
3 Él ________ (comer) diez hamburguesas.
4 Yo ________ (acabar) los ejercicios.
5 Ella ________ (cantar) una canción.
6 Nosotros ________ (vestirse) de piratas.
7 Tú ________ (encontrarse) un billete de 20 euros.
8 Él ________ (ganar) la carrera.
9 Yo ________ (leer) una revista.
10 Ellas ________ (ver) una película.

8 **Haz preguntas para las siguientes respuestas. Fíjate en las palabras subrayadas. Usa los siguientes interrogativos: *dónde, quién, qué, por qué, a qué hora* y *cuándo*.**

- • *¿Qué has desayunado?*
- ■ He desayunado una tostada y un vaso de leche.

1 • ¿ ______ ?
■ María ha tocado el violín.

2 • ¿ ______ ?
■ Mi hermana ha salido de casa a las 9:30.

3 • ¿ ______ ?
■ He hecho los deberes después de comer.

4 • ¿ ______ ?
■ He visto a Laura en el instituto.

5 • ¿ ______ ?
■ Patricia nos ha dado caramelos porque era su cumpleaños.

COMUNICACIÓN

1 **Ordena la siguiente conversación. Después, escucha y comprueba.** 40

- ☐ **a** **Alba:** Tengo dos entradas para ver a Rihanna. ¿Quieres venir conmigo?
- ☐ **b** **Amanda:** Bueno, nada en especial. ¿Por qué?
- ☐ **c** **Alba:** ¿Qué vas a hacer el sábado?
- ☐ **d** **Amanda:** ¿Sí, dígame?
- ☐ **e** **Alba:** ¿Qué tal si quedamos en el metro Goya a las 20:30?
- ☐ **f** **Amanda:** Yo también llevaré vaqueros. ¡Hasta mañana!
- ☐ **g** **Alba:** ¡Hola, soy Alba!
- ☐ **h** **Amanda:** ¡Estupendo! ¿Qué te vas a poner?
- ☐ **i** **Alba:** Adiós.
- ☐ **j** **Amanda:** Vale. ¿Dónde quedamos?
- ☐ **k** **Alba:** Unos vaqueros y una camiseta.
- ☐ **l** **Amanda:** Sí, me encantaría. ¿Dónde actúa?
- ☐ **m** **Amanda:** Hola, ¿qué tal?
- ☐ **n** **Alba:** En el Palacio de los Deportes, el sábado por la noche.

2 **Completa la siguiente entrevista usando las siguientes preguntas:**

¿Practicas deporte todos los días?
¿Cuál es tu grupo favorito?
¿Te preocupa el medio ambiente?
¿Qué estudias?
¿Cuáles son tus aficiones?
¿Ves mucho la televisión?

1 • ______
■ Estudio 3.º de Secundaria.

2 • ______
■ Mis aficiones favoritas son jugar al fútbol y escuchar música.

3 • ______
■ Mi grupo favorito es La Oreja de Van Gogh.

4 • ______
■ No, no mucho, sólo los fines de semana.

5 • ______
■ No, tres veces a la semana.

6 • ______
■ Sí, bastante. Por eso colaboro con un grupo ecologista.

1

¿Cómo eres?

VOCABULARIO

1 **Relaciona los dibujos con los adjetivos del recuadro.**

simpático • generoso • tímido • serio
estudioso • tacaño • vago • cariñoso

1 ______

2 ______

3 ______

4 ______

5 ______

6 ______

7 ______

8 ______

2 **Busca su contrario. Escribe el contrario de los siguientes adjetivos, utilizando los indicados en el recuadro.**

serio • frío • sincero • callado • tacaño • vago

1 generoso ______
2 hablador ______
3 simpático ______
4 cariñoso ______
5 trabajador ______
6 mentiroso ______

3 **Completa las frases con los adjetivos del recuadro.**

trabajador • simpático • serio • sensible
vago • callado • generoso • hablador

1 Mi hermana nunca sonríe, es una persona muy ______.
2 Pedro es muy ______, nunca dice nada.
3 A Juan le encanta estar en la cama, es un poco ______.
4 Andrea es muy sociable y ______. Tiene muchos amigos.
5 El novio de Lucía siempre está invitándonos. Es muy ______
6 Julia no para de hablar. Es muy ______.
7 Mi madre es muy ______, se emociona fácilmente.
8 Mi mejor amiga siempre hace los deberes. Es muy ______.

4 **Seguro que habéis visto la película *Shrek*. Describe a sus personajes usando dos adjetivos de los ejercicios 1 y 2 para cada imagen.**

1 SHREK

2 FIONA

3 BURRO

4 GATO CON BOTAS

5 DRAGONA

6 PRÍNCIPE ENCANTADOR

GRAMÁTICA

Oposición *ser* / *estar*

1 **Elige la opción correcta del verbo *ser* o *estar*.**

1 Pau Gasol es / está uno de los mejores jugadores de baloncesto.
2 Mi hermana es / está muy triste porque no puede ir a la fiesta de fin de curso.
3 Somos / Estamos contentos porque hemos ganado la copa.
4 ¿Por qué no te vas a la cama? Estás / Eres muy cansada.
5 Julia y Paula están / son muy aburridas. Siempre están hablando de chicos.
6 Siempre me das regalos, ¡estás / eres tan generoso!
7 Yo estoy / soy un poco tímido, me cuesta hacer amigos.
8 ¿Está / Es enfermo Pedro? No ha venido al instituto.
9 Mi abuelo está / es independiente. Le gusta hacer las cosas él solo.
10 ¿Estáis / Sois nerviosos? ¡La función va a empezar!

2 **Completa con la forma correcta de *ser* o *estar*.**

1 Inés hoy ________ más habladora que otros días.
2 *El Señor de los Anillos* ________ una gran película.
3 ¿Por qué ________ enfadada? ________ mucho más guapa cuando sonríes.
4 Mi madre ________ preocupada porque mi hermano ________ muy tímido.
5 No ________ triste. Tú ________ muy trabajadora.
6 Yo ________ harto. Todo el mundo me regaña.
7 Laura ________ muy simpática, siempre ________ con mucha gente.
8 Lucas y tú ________ enfadados porque no fuimos a vuestra fiesta.
9 • ¿Cómo ________ Carlos?
■ ________ enfermo. Tiene gripe.
10 Nosotros ________ sinceros. No nos gustan las chicas que ________ tacañas.

3 **Todas las frases contienen un error en el verbo *ser* o *estar*. Corrígelos.**

1 Alba es enfadada porque su madre no le deja ir a la discoteca.

____

2 Yo es muy generoso con mis amigos.

____

3 Angelina Jolie y Brad Pitt son casados.

____

4 Vosotros estás cansados. Habéis corrido 10 kilómetros.

____

5 Nosotros estamos unos chicos muy simpáticos.

____

4 **Traduce las siguientes frases a tu idioma.**

1 Alberto Contador es uno de los mejores ciclistas del mundo.

____

2 Yo soy muy hablador.

____

3 Guillermo y Ana están enamorados.

____

4 Tú eres muy simpático.

____

5 Nosotros estamos preocupados por el examen.

____

5 **Completa con la forma correcta de *ser* o *estar*.**

1 María hoy ________ más trabajadora que otros días.

2 • ¿Cómo ________ tu abuelo?
▪ ________ enfermo. ________ muy mayor.

3 Estas dos películas ________ muy buenas.

4 • ¿Por qué ________ tan serio?
▪ Porque he suspendido el examen.

5 La novia de Juan ________ simpática y educada, pero hoy ________ enfadada porque han discutido.

6 Ángel ________ harto. Hoy no le ha salido nada bien.

7 Me parece que ________ demasiado nervioso. ¿Te ha pasado algo?

8 Estas manzanas ________ muy verdes. No se pueden comer.

9 Andrés siempre ________ solo. ________ muy independiente.

10 Mi madre ________ preocupada porque mi hermano ________ muy vago.

11 El profesor de español ________ contento porque los exámenes ________ muy bien.

12 Nosotros ________ muy deportistas y ________ en forma.

13 Hoy María ________ guapísima, su hermano ________ fotógrafo y va a hacerle unas fotos.

Pronombres de relativo

6 **Relaciona las imágenes con las definiciones. Completa las definiciones con el pronombre relativo correspondiente y escribe sus nombres.**

1 Es el lugar ________ compras medicinas. .... ☐

2 Es una persona ________ enseña a los niños. .... ☐

3 Es un vehículo ________ tiene dos ruedas. .... ☐

4 Es el país ________ nació Ronaldinho. .... ☐

5 Es una máquina ________ sirve para hacer fotos. .... ☐

6 Es una persona ________ trabaja en un restaurante. .... ☐

a

b

c

d

e

f

7 Completa el texto sobre Agatha Ruiz de la Prada con un pronombre relativo.

Agatha Ruiz de la Prada es una diseñadora de moda española [1] __________ es famosa en todo el mundo.
Madrid es la ciudad [2] ________ tiene su empresa y Barcelona es el lugar [3] _________ estudió.
Sus coloridos y peculiares diseños de corazones, estrellas y flores es una de las cosas [4] ________ hacen que su ropa sea fácil de recordar.
Otras cosas [5] _______ Agatha Ruiz de la Prada hace son colonias, muebles y material escolar.

8 Une las frases, como en el ejemplo.

Esta es la alumna nueva. Se sienta detrás de Ángel.
La alumna *que se sienta detrás de Ángel es nueva.*

1 Estoy enviando un mensaje. Es para felicitar a María.
El mensaje ______________________________

2 Ayer me compré un reloj. Funciona sin pilas.
El reloj ______________________________

3 El sábado pasado cenamos en un restaurante. El restaurante estaba cerca de la plaza Santa Ana.
El restaurante ______________________________

4 Paula vivía en una casa muy grande. Tenía una piscina.
La casa ______________________________

5 Jesús y Nacho vieron una película. La película era de Almodóvar y estaba en versión original.
La película ______________________________

6 Paso las vacaciones en la playa. La playa está limpia y puedo bucear.
La playa ______________________________

7 Yo vi una chica rubia en la discoteca. La chica es la novia de Antonio.
La chica rubia ______________________________

8 Ayer me compré una calculadora. Funciona con energía solar.
La calculadora ______________________________.

9 Paso las vacaciones en un pueblo. Es el pueblo de mis padres.
El lugar ______________________________.

10 Voy a buscar a un amigo. Vive en esta calle.
El amigo ______________________________.

11 Van al aeropuerto a coger un avión. El avión sale a las 11:30 h.
El avión ______________________________.

12 Yo conozco a un chico peruano. Es moreno y tiene los ojos negros.
El chico peruano ______________________________.

13 He comido en ese restaurante. Preparan unos postres deliciosos.
El restaurante ______________________________.

14 Manuel vive en una ciudad del norte. En esa ciudad nieva mucho en invierno.
En la ciudad del norte ______________________________.

15 Voy a estudiar en un instituto. Mi madre también estudió en ese instituto.
En el instituto ______________________________.

16 Tenemos una cámara digital. Funciona con pilas.
La cámara digital ______________________________.

COMUNICACIÓN

EXPRESAR LO QUE NOS GUSTA Y NO NOS GUSTA

1 **Diego y Virginia se acaban de conocer en el patio del instituto, durante el recreo. Ellos están hablando sobre las cosas que les gustan y no les gustan.**

1a Escucha y completa la conversación. 41

Diego: ¿Te gusta [1] ______________________?
Virginia: Sí, me encanta estar con la gente [2] ______________.
Diego: A mí también me gusta.
Virginia: ¿Te gusta [3] ______________________?
Diego: No, no me gustan los sitios muy [4] ____________, ¿y a ti?
Virginia: A mí tampoco. Yo prefiero los sitios [5] ____________ hay poca gente.
Diego: ¿Te gusta [6] __________________?, porque yo toco el violín.
Virginia: ¡Guau!, tenemos un montón de cosas en común.

1b Escucha de nuevo y corrige tus respuestas. 41

2 **Practicad el diálogo en parejas.**

3 **Escribe frases diciendo si te gustan o no te gustan las siguientes actividades.**

1 ______________ los sitios donde se puede hablar por el móvil.
2 ______________ la gente que no recicla.
3 ______________ la gente que es generosa.
4 ______________ las playas donde hay mucha gente.
5 ______________ conocer a personas de otros países.
6 ______________ los sitios donde hay mucho humo.
7 ______________ la gente que no respeta a los demás.
8 ______________ las ciudades donde hay muchos museos.

4 **Lee la siguiente conversación e identifica a las personas de la fiesta, rodeándolas con un círculo y escribiendo su nombre.**

David: Mar, ¿conoces a toda la gente que hay en la fiesta?
Mar: Sí, conozco a la mayoría, ¿por qué?
David: ¿Quién es ese que está hablando con Paula?
Mar: Es Ricardo, un chico de 3.º A.
David: ¿Y quién es esa de la camiseta verde?
Mar: Noelia, la novia de Daniel.
David: ¿Y quién es aquella de la minifalda de cuadros?
Mar: Es mi hermana Laura, si quieres te la presento.
David: Vale. ¿Vamos?

DESTREZAS

Leer

1 **Lee el autorretrato de Guillermo (3.º B – ESO). Después, contesta las preguntas.**

Lo que más destaca de mi personalidad es lo responsable y generoso que soy. Me gusta compartir mis cosas con los demás y tener todos mis deberes hechos. Para mí la amistad es lo más importante en la vida. Después de mis amigos, lo que más me interesa es el tenis. Me encanta jugar y verlo por televisión, sobre todo cuando juega Rafael Nadal.
Entreno tres días a la semana y los sábados por la mañana juego con mi amigo Manuel.
También me gusta la música, toco el clarinete en la banda del barrio y, a veces, después de los conciertos, vamos a tomar una coca cola y una pizza.
De mayor quiero ser médico y colaborar en una ONG para ayudar a los niños del tercer mundo.

1 Define con dos adjetivos la personalidad de Guillermo.
____

2 ¿Qué cosas le interesan a Guillermo?
____

3 ¿Con quién juega un partido de tenis los sábados por la mañana?
____

4 ¿Qué instrumento toca en la banda del barrio?
____

5 ¿Qué hace después de los conciertos?
____

6 ¿Qué le gustaría ser de mayor?
____

Escribir

2 **Ordena la siguiente autobiografía y completa los huecos con un adverbio de cantidad del recuadro.**

muy (x2) • poco • no... muy • bastante (x2)

MI AUTOBIOGRAFÍA (Marina Rubio)

☐ **a** Soy [1] _____ sociable y trabajadora, pero también soy un [2] _______ tímida y [3] _______ sensible. Mi familia y mis amigos son [4] _______ importantes para mí.
☐ **b** Soy [5] _______ estudiosa y me encanta dibujar y diseñar edificios, por eso de mayor quiero ser arquitecta.
☐ **c** Yo nací en Alicante el día 8 de marzo del año 1994.
☐ **d** Lo que más me gusta hacer es leer, bailar y escuchar cualquier tipo de música. [6] _______ soy _______ aficionada al fútbol.
☐ **e** Desde los doce años estudio en el Instituto Luis Buñuel, donde tengo parte de mis amigos.

3 **Haz a tu compañero las siguientes preguntas. Toma nota de sus respuestas y escribe su biografía en cinco párrafos en tu cuaderno. Puedes usar como modelo la autobiografía de Marina Rubio.**

1 • ¿Dónde naciste?
▪ ______________________________

2 • ¿Dónde estudias?
▪ ______________________________

3 • ¿Cómo eres?
▪ ______________________________

4 • ¿Qué es lo que más te gusta?
▪ ______________________________

5 • ¿Qué quieres ser en el futuro?
▪ ______________________________

2

LUGARES

VOCABULARIO

1 Relaciona las imágenes con las palabras del recuadro.

rascacielos • plaza de toros • catedral
chalé adosado • estadio de fútbol • museo

2 Mira el dibujo y completa las etiquetas.

1 ____________________
2 ____________________
3 ____________________
4 ____________________
5 ____________________
6 ____________________
7 ____________________

3 **Une con una flecha las siguientes definiciones con el nombre del edificio al que se refieren.**

A	B
1 Edificio donde se reúne el gobierno de la ciudad	a Chalé
2 Edificio de viviendas	b Museo
3 Último piso con terraza de un edificio	c Piso
4 Vivienda familiar independiente	d Ayuntamiento
5 Vivienda independiente en un bloque	e Bloque
6 Edificio donde se guardan obras de arte	f Ático

4 **Describe los siguientes edificios usando las palabras del recuadro.**

vanguardista
formas retorcidas
auditorio
acero y cristal
ascensores panorámicos
láminas de agua

1

2

GRAMÁTICA

Pretérito indefinido

1 **Completa la tabla con la forma del pretérito indefinido de los siguientes verbos.**

	Visitar	Salir	Ver	Tener	Ir	Estar
yo						
tú						
él / ella						
nosotros/as						
vosotros/as						
ellos / ellas						

2 **Completa las frases con el pretérito indefinido de los verbos entre paréntesis. Si tienes alguna duda, consulta en el** RESUMEN GRAMATICAL **la construcción de los verbos irregulares.**

1 En septiembre de 2007, mis hermanos y yo ____________ (ir) a Bilbao.
2 Nuria y Ángel ____________ (estar) el sábado en el Teatro Real.
3 Nosotros no ____________ (poder) ir al partido de baloncesto porque nos fuimos de excursión.
4 Mario me ____________ (decir) la hora del examen.
5 ¿____________ (vender) tus padres el apartamento de la playa?
6 Yo ____________ (leer) el mensaje que me mandaste ayer.
7 Mis primos y yo ____________ (visitar) la Sagrada Familia el verano pasado.
8 Elena y Luis ____________ (comprar) un chalé adosado cerca del mar.
9 El arquitecto valenciano Santiago Calatrava ____________ (diseñar) el Palacio de las Artes Reina Sofía.
10 Los obreros ____________ (construir) un estadio de fútbol enfrente de mi casa.

3 **Escribe las siguientes frases en pretérito indefinido.**

1 ¿Te gusta la Catedral de León?

______

2 Estamos en el Museo del Prado.

______

3 Yo no voy de vacaciones.

______

4 Comemos unos bocadillos en la cafetería del Guggenheim.

______

5 Mi hermano estudia en Barcelona.

______

6 La visita a las Cuevas de Altamira es muy interesante.

______

7 Tengo que trabajar los fines de semana para comprarme un ordenador.

______

8 Ellos se quedan en la puerta del ayuntamiento.

______

4 **Une las columnas para formar frases. Usa el pretérito indefinido de los verbos que aparecen en el recuadro.**

inventar • diseñar • escribir
ganar • pintar • componer

A

- Pablo Picasso
- Gabriel García Márquez
- Antonio Gaudí
- Rafael Nadal
- Joaquín Turina →
- Isaac Peral

B

- La Sagrada Familia
- Roland Garros
- *El Guernica*
- *Cien Años de Soledad*
- Submarino
- *Concierto de Aranjuez*

1 ***Joaquín Turina compuso el*** **Concierto de Aranjuez.**
2 ______
3 ______
4 ______
5 ______
6 ______

5 **Lee la postal que, desde Berlín, le mandaron Amanda y María a Rubén, y pon los verbos entre paréntesis en pretérito indefinido.**

¡Hola, Rubén!

Ayer (1) ______ (ser) un día maravilloso. (2) ______ (hacer) un sol espléndido y nosotras (3) ______ (poder) dar una vuelta en barco por los canales de Berlín. (4) ______ (dar) un paseo por el barrio antiguo y (5) ______ (subir) a la cúpula del Reichstag. También (6) ______ (visitar) el museo de Pérgamo, ¡una preciosidad con un altar griego dentro!

Por la tarde, nos (7) ______ (comer) un helado en Postdamer Platz y allí nos (8) ______ (encontrar) con tu primo Vicente. ¡Qué casualidad!, ¿verdad? Ya te enseñaremos las fotos cuando lleguemos a Valladolid.

Besos

Amanda y María

6 **Completa el texto con el pretérito indefinido de los verbos del recuadro.**

jugar • empezar (x2) • vivir • dejar
nacer • incorporar • ser

Pau Gasol [1] ______ en Barcelona el 6 de julio de 1980. [2] ______ en Llobregat y [3] ______ a jugar al baloncesto en el equipo de su colegio.

En la temporada 97-98 [4] ______ en el F.C. Barcelona y [5] ______ campeón junior.

En el año 2000 [6] ______ a estudiar Medicina, pero [7] ______ los estudios para dedicarse exclusivamente al mundo del baloncesto. En junio de 2001, se [8] ______ a la NBA.

7 **Contesta las siguientes preguntas utilizando los marcadores temporales:** ***ayer, hace un año...***

1 ¿Cuándo jugaste al ordenador por última vez?

2 ¿Cuánto tiempo hace que fuiste de vacaciones?

3 ¿Cuándo se conocieron tus padres?

4 ¿Cuándo llamaste por teléfono a tu mejor amigo?

5 ¿Cuánto tiempo hace que practicas un deporte?

8 **Traduce las siguientes frases a tu idioma.**

1 Vi a Felipe ayer por la tarde.

2 Mis padres se casaron en 1990.

3 Nosotros visitamos el Museo del Prado hace dos años.

4 Víctor estuvo en Costa Rica el verano pasado.

5 ¿Fuiste al Ayuntamiento la semana pasada?

6 Elena y Luis llegaron al teatro hace media hora.

Preposiciones de lugar

9 **Elige la preposición adecuada.**

1 Iba hacia / desde el polideportivo cuando vi a Lucía.
2 ¿Pasaste para / por el banco ayer?
3 Mis padres siempre van de vacaciones a / en Galicia.
4 Para / Por llegar a la cafetería tienes que subir en / hasta ascensor.
5 Desde / En mi casa hasta / hacia el tren tardo diez minutos.
6 De / Para Zaragoza a / al Barcelona hay más de 200 km.
7 Por / Para esta calle llegaremos a casa de Ricardo.
8 Cuando era pequeño pasaba el verano a / en el pueblo.
9 Mi profesor llegó hasta / hacia el final de la carrera.
10 Mi abuela va todos los domingos al / a la iglesia.
11 Nosotros vamos al / a instituto en autobús.
12 Desde / En la biblioteca hasta / hacia la casa de Ana tienes 10 minutos andando.
13 Cuando Jesús era pequeño vivió a / en Valladolid.
14 El desfile de carnaval pasa en / por la puerta de mi casa.

10 **Completa el texto con algunas de las siguientes preposiciones de lugar:** ***a, al , de, desde, hasta, por, para, hacia*** **o** ***en.***

El año pasado fuimos de viaje de fin de curso [1] ________ Andalucía [2] ________ autocar. Pasamos [3] ________ Jaén, pero no paramos [4] ________ llegar [5] ________ Córdoba. Visitamos La Mezquita y dimos una vuelta [6] ________ el Barrio Judío. Tomamos unas tapas y nos fuimos [7] ________ hotel. Al día siguiente salimos [8] ________ Sevilla. Allí nos estaba esperando un grupo de estudiantes para enseñarnos la ciudad. Visitamos la Giralda y nos montamos [9] ____________ un tranvía. Comimos unos bocadillos [10] ____________ el Parque de María Luisa y [11] ____________ allí fuimos andando [12] ________ los Jardines del Generalife.
Nuestro viaje terminó [13] __________ Granada, donde nada más llegar nos dirigimos [14] __________ la Alambra. ¡Una maravilla!

COMUNICACIÓN

1 **Mira el plano del Museo de Arte Contemporáneo (MARCO), en México. Contesta las preguntas.**

1 ¿En qué planta está la cafetería? ____________________

2 ¿Dónde puedes escuchar música? ____________________

3 ¿Dónde puedes dejar tu abrigo y tu mochila? ____________________

4 ¿En qué planta están los talleres? ____________________

5 ¿Dónde está el servicio en la planta alta? ____________________

PLANTA BAJA

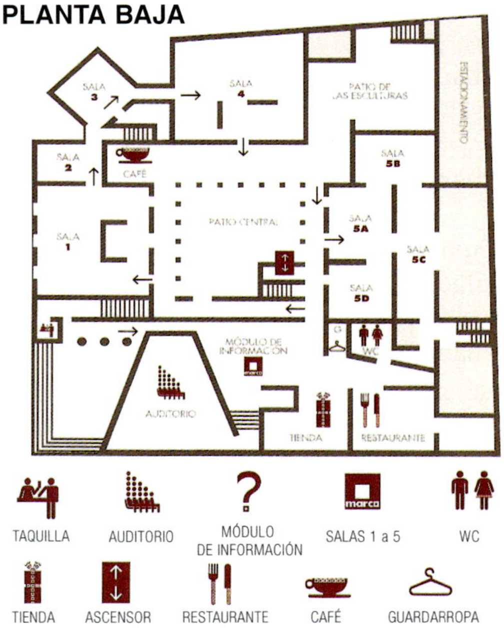

PLANTA ALTA

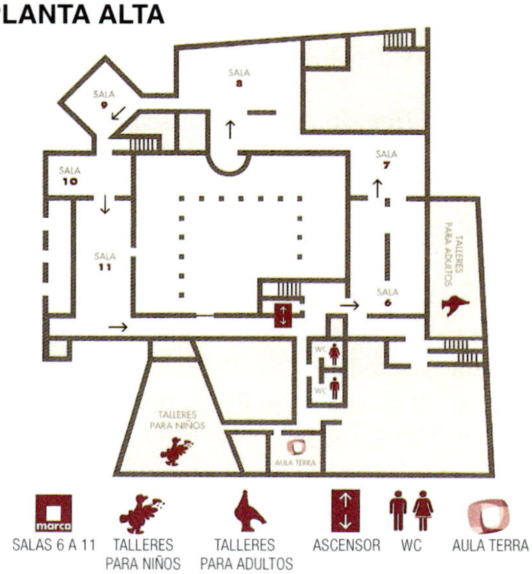

2 **Escucha la conversación entre Óscar y el vigilante.** 42

2a Averigua:

1 ¿Dónde está Óscar? ____________________
2 ¿Adónde quiere ir? ____________________

2b Escucha de nuevo la conversación y completa el diálogo. 42

Óscar: ¿Le puedo hacer una [1] ____________?
Vigilante: Sí, claro. ¿En qué [2] ____________ ayudarte?
Óscar: ¿Puede decirme dónde está el [3] ____________?
Vigilante: Por supuesto. Está en la planta [4] ____________, enfrente de los servicios.
Óscar:¿Puede decirme dónde están [5] ____________, por favor?
Vigilante: Sube por las escaleras y justo a la [6] ____________ los encontrarás.
Óscar: Muchas gracias.
Vigilante: De nada.

3 **Mira el plano del MARCO y prepara un diálogo con tu compañero, similar al del ejercicio anterior, preguntando cómo ir a la cafetería, los talleres para niños o la tienda.**

DESTREZAS

Leer

1 **Lee los siguientes textos y relaciona las imágenes con las siguientes maravillas.**

1 CRISTO REDENTOR ☐

Estatua conmemorativa del centenario de la independencia de Brasil. Sus creadores fueron el escultor Landowski, el ingeniero Heitor da Silva Costa y el artista plástico Carlos Oswald. Se inauguró en 1931 en Río de Janeiro.
Tiene 38 metros de altura y se eleva a 710 m sobre el nivel del mar, ofreciendo vistas impresionantes.

2 CHICHÉN ITZÁ ☐

Esta ciudad-templo maya se encuentra en la península del Yucatán (México) y fue dedicada a Quetzalcóatl, dios de la lluvia, siendo un centro político y económico del nuevo imperio maya, fundado en el año 987.
Su edificio más representativo es la pirámide de Kukulcán, con 55 m de base y 30 m de altura.

3 MACHU PICCHU ☐

El emperador inca Pachacútec construyó una ciudad a 2438 m de altura en el siglo XV.
En la montaña podemos ver las ruinas de los templos.

2 **Lee los textos de nuevo y contesta las preguntas.**

1 ¿Qué conmemora la estatua del Cristo Redentor?

____

2 ¿Cuánto mide la estatua?

____

3 ¿A quién está dedicada la ciudad-templo maya?

____

4 ¿Cuándo se fundó el nuevo imperio maya?

____

5 ¿Quién construyó una ciudad a 2438 m de altura?

____

6 ¿Qué podemos ver en la montaña?

____

Escribir

3 **Elige una de las 14 maravillas del mundo y descríbela. No te olvides de incluir en tu descripción:**

- *¿Dónde está?*
- *¿De qué época es?*
- *¿Quién lo construyó o mandó construir?*
- *¿Cómo es?*

3

VIDA SANA

VOCABULARIO

1 Localiza en la sopa de letras 10 alimentos.

L	e	C	H	e	a	O	R	F	C	e	C
e	W	a	V	e	R	D	U	R	a	Y	e
G	D	R	n	U	R	Q	X	U	P	B	R
U	G	n	B	I	O	T	H	T	O	a	e
m	e	e	a	J	Z	e	T	a	T	I	a
B	I	U	C	O	D	U	Ñ	S	Z	a	L
R	F	Ñ	e	I	P	L	a	S	G	m	e
e	B	J	I	L	e	P	K	m	V	K	S
S	a	X	T	a	W	Z	L	I	e	F	e
e	S	P	e	S	C	a	D	O	m	O	R

3 Clasifica las actividades del ejercicio 2 en función de si son buenas o no son buenas para llevar una vida sana.

SON BUENAS	NO SON BUENAS

2 Relaciona las imágenes con las actividades del recuadro.

ver la tele mucha horas • dormir poco
montar en bici • comer frutas y verduras
nadar • comer comida basura

1

2

3

4

5

6

4 Completa las frases con las palabras adecuadas

1 Hay que comer todos los días fruta y verduras porque tienen muchas v_______________.
2 Las legumbres, la carne, el pescado y los huevos son alimentos ricos en p___________.
3 Los alimentos ricos en hidratos de carbono son la p__________, el a_______________ y los c___________.
4 El aceite es rico en g________________.
5 A los alimentos que contienen una gran cantidad de grasas, sal o azúcar y aditivos químicos se les llama c___________ b____________.
6 Uno de los efectos negativos de la comida basura es el exceso de p_________________.
7 La comida del mediodía tiene que ser s_______________ y v_______________.
8 La dieta m________________ es rica en verduras, frutas y pescado.
9 Practicar ejercicio físico de forma habitual y moderada es bueno para el c___________ y la m___________.
10 El d_____________ es fundamental para nuestro rendimiento físico e intelectual a lo largo de la mañana.

GRAMÁTICA

Pretérito perfecto

1 Escribe el participio de los siguientes verbos.

Romper	
Estar	
Ir	
Poner	
Tener	
Hacer	

Jugar	
Decir	
Rehacer	
Abrir	
Escribir	
Proponer	

2 Completa las frases con la forma correcta del pretérito perfecto.

1 Alejandro __________________ (comer) comida tailandesa.
2 Yo ________________ (ver) muchas películas de Tim Burton.
3 Mis padres _____________________ (viajar) por muchos países.
4 Mi hermano ______________ (romper) el jarrón de cristal.
5 ¿_______________ (abrir / tú) la ventana?
6 Nosotros ____________________ (no escribir) esa carta.
7 ¿_________________________ (hacer / vosotros) el examen oral?
8 Marina _________________ (ponerse) un traje de vampiro.
9 Yo _______________ (no decir) la fecha de mi cumpleaños.
10 Mis compañeros y yo ________________ (ir) de excursión a la sierra de Madrid.

3 Escribe cinco cosas que crees que ha hecho tu compañero antes de venir al colegio. ¿Has acertado?

- *Te has levantado a las 7 de la mañana.*
- *No es verdad. Me he levantado a las 7.05.*
- *Has desayunado cereales.*
- *Sí. Has acertado.*

1 • ______________________________
■ ______________________________
2 • ______________________________
■ ______________________________
3 • ______________________________
■ ______________________________
4 • ______________________________
■ ______________________________
5 • ______________________________
■ ______________________________

Marcadores temporales

4 Mira las imágenes y escribe frases sobre tus experiencias utilizando los marcadores de frecuencia: ***nunca, alguna vez* y *muchas veces.***

1 (ver)
Yo nunca he visto un glaciar.

2 (vivir)
______
______

3 (montar)
______
______

4 (nadar)
______
______

5 (comer)
______
______

6 (hacer)
______
______

7 (viajar)
______
______

8 (escribir)
______
______

5 Completa las frases con uno de los marcadores de frecuencia del recuadro.

ya (x2) • nunca • últimamente • todavía (x2)
alguna vez • muchas veces • siempre

1 Hace dos semanas que estoy en Granada y ______ no he visitado la Alambra.
2 ¿Has hecho ______ los deberes? Nos vamos al cine.
3 ______ he hecho mucho deporte. Estoy en forma.
4 ¡Es muy tarde y Marisa ______ no ha llegado!
5 Aunque me gusta la música pop, ______ escucho música clásica.
6 ¿Has estado ______ en Nueva York?
7 Mis amigos y yo hemos jugado a los bolos ______. Nos gusta mucho.
8 Mi tía ______ ha montado en avión. Tiene miedo.
9 Carmen ______ ha visto la exposición de Juan Muñoz en el Museo Reina Sofía.

6 Completa el diálogo con el pretérito perfecto de los verbos y las palabras del recuadro.

todavía • vender • comprar • ya • escuchar
nunca • oír • alguna vez

Inés: ¿[1] ______ al grupo pop Selina, Hebe y Ella?
Mar: No, [2] ______ he oído a ese grupo. ¿De dónde son?
Inés: Son de Taiwán. Ya [3] ______ un montón de discos.
Mar: ¿Han venido [4] ______ a Madrid?
Inés: No, creo que [5] ______ no han visitado Europa.
Mar: ¿Tú [6] ______ a Jesse y Joy?
Inés: Sí. Son mexicanos y [7] ______ me [8] ______ su primer álbum.

7 Elige la forma más adecuada.

1 Ayer hemos comido / comimos pasta con gambas.
2 Yo nunca he montado / monté en bicicleta.
3 ¿Has patinado / Patinaste sobre hielo alguna vez?
4 El lunes pasado he visto / vi un programa sobre nutrición.
5 Esta mañana Juan ha tocado / tocó el piano en clase de música.
6 Mis primos han dormido / durmieron en tienda de campaña muchas veces.
7 Hace tres días hemos jugado / jugamos al fútbol en el recreo.
8 ¿Habéis ido / Fuisteis de campamento el verano pasado?

Pretérito indefinido / pretérito perfecto

8 **Pon los verbos entre paréntesis en la forma correcta del pretérito perfecto o el pretérito indefinido.**

1 ● Estoy buscando a Pablo. ¿Lo ______ (ver / tú)?
■ Yo lo ______ (ver) ayer en el instituto. ¿______ (mirar / tú) en la biblioteca?

2 ● ¿Qué le ______ (pasar) a tu hermana en el brazo?
■ Se lo ______ (romper). El sábado se ______ (caer) patinando en el parque.

3 ● ¿______ (hacer / tú) los ejercicios de matemáticas?
■ Sí. Los ______ (terminar) ayer por la tarde. Son muy fáciles.

4 ● ¿______ (ver) vosotros *Hellboy 2*?
■ ▲ Sí. La ______ (ver) el domingo pasado.

5 ● ¿Qué ______ (hacer / tú) este fin de semana?
■ El viernes ______ (jugar) un partido de tenis con mi amiga Alba, el sábado ______ (ir) con mis padres al teatro a ver Mayumana y el domingo ______ (estar) en casa estudiando ciencias naturales.

9 **En cada una de las frases hay un error. Corrígelo.**

1 El fin de semana pasado he estado en Toledo con mis amigos.
______

2 ¿Mandaste alguna vez un mensaje a Irene?
______

3 Nosotros hemos tenido clase de español hace dos días.
______

4 Mis padres y yo hemos ido de *camping* a Galicia en agosto.
______

5 Todavía no hice el trabajo de tecnología.
______

6 Esta mañana no me lavé el pelo.
______

7 Últimamente escuché música pop.
______

8 Gema y Ricardo han visitado París el verano pasado.
______

9 Nadal y Federer han jugado la final del torneo Madrid Open ayer por la tarde.
______

Nombres compuestos

10 **Lee las siguientes definiciones, relaciónalas con las imágenes y escribe su nombre.**

1 Sirve para abrir latas. ☐
2 Se usa para cortar las uñas. ☐
3 Se utiliza para salvar vidas. ☐
4 Sirve para quitar las manchas. ☐
5 Lo usamos para limpiar los cristales. ☐
6 Se utiliza para sacar punta a los lápices. ☐
7 Sirve para lavar la vajilla. ☐
8 Se utiliza para abrir las botellas. ☐

A ______

B ______

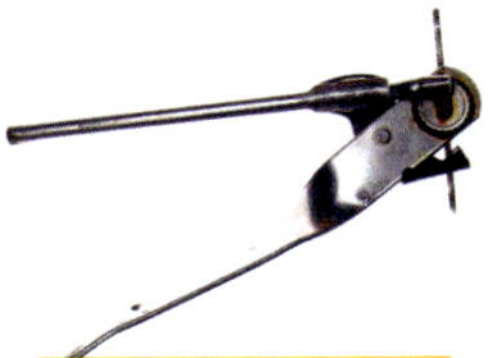
C ______

D ______

E ______

F ______

G ______

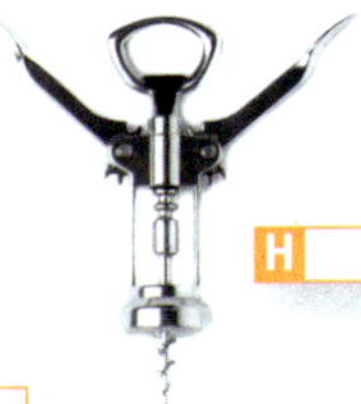
H ______

COMUNICACIÓN

1 **Ordena las imágenes y completa las frases con las palabras del recuadro.**

introduce • mezcla • ingredientes • batidora • poco
lávalos • vierte • trocea • fresón

Batido de fresa

A ☐

[1] ____________
- 1 vaso de leche
- 5 o 6 fresones
- Un [2] ________ de vainilla azucarada

B ☐

[3] __________ los fresones con la leche y la vainilla y pásalos por la [4] __________

C ☐

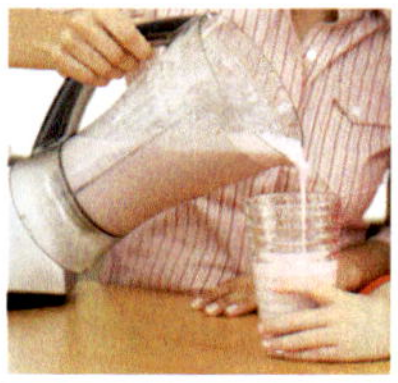

[5] __________ el batido en un vaso

D ☐

[6] ____________ los fresones

E ☐

[7] __________ una pajita y decóralo con un [8] ________ colocado en el borde del vaso

F ☐

Coloca los fresones en un recipiente y [9] ____________

2 **Ana está preparando algo especial para su fiesta de cumpleaños, pero no se acuerda muy bien de la receta. Escucha la conversación entre Ana y Elena y averigua qué está preparando.** 🎧43

3 **Ahora, lee el diálogo y complétalo con las palabras del recuadro.**

muchos • demasiada • batido • cuánto tiempo
qué te parece • muy sano • poco • compras
vale • harina • bastantes • rico

Ana: Mañana es mi cumpleaños y quiero preparar algo especial.
Elena: ¿Por qué no [1] ____________ una tarta de chocolate y unas botellas de coca-cola?
Ana: Eso no me parece [2] ____________.
Elena: ¿[3] ____________ si hacemos un bizcocho de manzana?
Ana: [4] ________. ¡Qué buena idea!
Elena: ¿Tienes huevos, [5] ____________, yogur…?
Ana: ¡Voy a mirar en la nevera! Sí, hay [6] __________ huevos, [7] ____________ manzanas y yogures.
Elena: También necesitamos un [8] __________ de aceite de oliva y mantequilla.
Ana: ¿Y azúcar?
Elena: No [9] ____________. No te olvides de la levadura.
Ana: Ya tenemos todos los ingredientes. ¿[10] ____________ tiene que estar en el horno?
Elena: 30 minutos. ¿Y para beber qué vas a comprar?
Ana: Haremos un [11] __________ de fresa.
Elena: ¡Qué [12] ________ y qué sano!

Después, escucha de nuevo y practica el diálogo con tu compañero. 🎧43

DESTREZAS

Leer

1 **Lee los siguientes textos.**

Inicio | Contacta | Entradas

blog

¿LLEVAN UNA **VIDA SANA** LOS ADOLESCENTES?

¡Hola!, me llamo Álvaro, tengo 15 años y soy de Málaga. Mi dieta no es la más sana porque como muy a menudo comida basura. Ya sé que la fruta y la verdura son mejores que las hamburguesas, las patatas fritas y la pizza, pero a mí me encanta este tipo de comida y me resulta muy difícil cambiar de hábitos.

Lo bueno es que me gusta hacer deporte. Creo que jugar al fútbol es más emocionante que jugar al ordenador, además me hace sentirme más fuerte. También voy al instituto andando y, siempre que puedo, uso mi bicicleta.

¡Hola!, soy Laura de Valencia.
Yo no como mucha comida basura. Creo que las ensaladas y la fruta son más sanas y ricas que los bollos y las hamburguesas. Pero no practico ningún deporte y el único ejercicio físico que hago es en la clase de Educación Física.

Mi instituto está lejos de casa y mi padre me lleva en coche, paso mucho tiempo jugando con el ordenador y viendo la tele.

2 **Lee los textos otra vez y contesta las siguientes preguntas.**

1 ¿Qué tipo de comida prefiere Álvaro?

2 ¿Qué es lo más sano que hace Álvaro?

3 ¿Qué piensa Laura de las ensaladas y la fruta?

4 ¿Cuándo practica deporte Laura?

5 ¿Cómo van al instituto Laura y Álvaro?

Escuchar

3 **Escucha la entrevista que ha hecho Miriam a Margarita, profesora de arte del Instituto Los Limoneros, de Madrid. Contesta si las frases siguientes son verdaderas o falsas.** 44

1 Margarita es vegetariana porque se lo recomendó el médico. ☐
2 Margarita empezó a ser vegetariana hace 3 años. ☐
3 Al principio sus padres no lo entendían. ☐
4 Los ovo-lácteos comen huevos y pescado. ☐
5 En España es fácil encontrar un menú vegetariano. ☐
6 El plato que recomienda es seitán al horno. ☐

Escribir

4 **Escribe un pequeño texto en tu cuaderno contando cómo eres de sano *(tipo de comida que comes, deporte que haces...)*.**

4 De compras

VOCABULARIO

1 **Relaciona las imágenes con las palabras del recuadro y tradúcelas a tu idioma.**

anillo • gorra • medias • gafas de sol
perfume • pulseras • pendientes • bolso

2 **Escribe los complementos que hay en el armario de Rosa y en el armario de Andrés.**

ARMARIO DE ROSA

1 ______________
2 ______________
3 ______________
4 ______________
5 ______________

ARMARIO DE ANDRÉS

1 ______________
2 ______________
3 ______________
4 ______________
5 ______________

3 **Relaciona las definiciones con las palabras del recuadro.**

cliente • ponerse • mostrador • barato
ancho • corto • probador • sentar bien
pagar en efectivo • dependiente

1 Lo contrario de caro. ______________
2 Persona que trabaja en una tienda y atiende al público. ______________
3 Cuando una prenda de vestir te favorece, es tu talla. ______________
4 Lo contrario de estrecho. ______________
5 Persona que compra. ______________
6 Lugar donde los clientes se prueban las prendas de vestir. ______________
7 Lo contrario de largo. ______________
8 Mesa sobre la que se muestra la ropa a los compradores en una tienda. ______________
9 No admiten tarjeta de crédito, tengo que ______________.
10 Lo contrario de quitarse. ______________

GRAMÁTICA

Presente de subjuntivo

1 **Completa el presente de subjuntivo de los siguientes verbos.**

1 **Saber:** sepa, ________, ________, ________, ________, ________.

2 **Salir:** salga, ________, ________, ________, ________, ________.

3 **Comprar:** compre, ________, ________, ________, ________, ________.

4 **Ser:** sea, ________, ________, ________, ________, ________.

5 **Ir:** vaya, ________, ________, ________, ________, ________.

6 **Estar:** esté, ________, ________, ________, ________, ________.

7 **Vender:** venda, ________, ________, ________, ________, ________.

8 **Tener:** tenga, ________, ________, ________, ________, ________.

9 **Escribir:** escriba, ________, ________, ________, ________, ________.

10 **Conocer:** conozca, ________, ________, ________, ________, ________.

2 **Completa las frases con el verbo en presente de subjuntivo.**

1 Mañana es mi cumpleaños y quiero que ________ (venir / vosotros) a mi fiesta.
2 Nos vamos de vacaciones. Necesito que nos ________ (cuidar / tú) al gato.
3 Si mañana hace bueno, quiero que ________ (salir / vosotros) a correr al patio.
4 Venid a casa esta tarde. Quiero que ________ (conocer) a mi hermano.
5 Mi abuela necesita que le ________ (hacer / yo) la compra, no puede andar.
6 Mi madre se examina del carné de conducir. Espero que ________ (aprobar).
7 Mario quiere ir al parque de atracciones, pero necesita que su tía le ________ (dar) dinero.
8 Ayer no pude ir a clase. Necesito que me ________ (decir / tú) los deberes que hay que hacer.
9 Espero que Pablo ________ (saber) la respuesta del ejercicio 2.
10 Ayer fuimos de compras y te compramos esta camiseta. Espero que ________ (gustar / tú).

3 **Completa el texto con el presente de subjuntivo de los verbos del recuadro.**

salir • cambiar • organizar • venir • dejar • ser • hacer • estar • llevar • enseñar

Loli y Conchi quieren que entre todos [1] ________ una acampada en la montaña. Tenemos que preparar las tiendas de campaña y comprar la comida. Además quieren que Antonio no se [2] ________ en casa la guitarra, para poder cantar por las noches.
Pensábamos ir en autobús pero Luisa y Ana quieren que Juan y yo [3] ________ las bicis, por eso les hemos pedido a los demás que [4] ________ el plan para ir en tren.
Como no ha llovido últimamente, esperamos que la leña [5] ________ seca y que alguien [6] ________ capaz de encender un fuego para preparar la cena.
También necesitamos que el primo de María [7] ________ con nosotros. Conoce muy bien la zona y espero que nos [8] ________ la cueva donde nace el río Lobo.
Espero que [9] ________ el sol y Juan [10] ________ un buen reportaje fotográfico con su cámara nueva.

4 Los alumnos de 3.º A van a ver una exposición de Velázquez en el Museo del Prado. Antes de salir del instituto, el profesor les ha hecho varias advertencias. Mira los dibujos y escribe una frase con cada uno de los verbos del recuadro, como en el ejemplo.

llevar la entrada • no comer • tirar • no hacer
no tocar • tomar • estar • no usar

Espero que llevéis todos la entrada.

1 ____________________

2 ____________________

3 ____________________

4 ____________________

5 ____________________

6 ____________________

7 ____________________

5 **Elige la forma correcta del presente de subjuntivo.**

Cristina y Rocío quieren que entre todos **organicemos / organicen** la fiesta de fin de curso. Tenemos que preparar las mesas y adornos y comprar la comida. Esperamos que alguien **traigamos / traiga** una cámara de fotos. Además quieren que Roberto **inviten / invite** a los profesores a la fiesta.
También necesitamos que el primo de Ricardo **venga / vengan** con su grupo de rock y **toquen / toquéis** un montón de canciones.
Como lleva lloviendo durante toda la semana, esperamos que ese día **salgas / salga** el sol y **podamos / puedan** hacer la fiesta en el patio.
Pensábamos venir disfrazados pero, al final, les hemos pedido a todos que **se pongan / se ponga** ropa elegante.
Espero que los profesores **bailéis / bailen** y que todos nos lo **pasemos / paséis** muy bien.

6 **Completa los diálogos expresando lo que deseas a esa persona.**

1 • Me voy a la cama.
■ ¡Que ______!
2 • Es mi cumpleaños.
■ ¡Que ______!
3 • Nos vamos de vacaciones a Italia.
■ ¡Que ______!
4 • Mi hermano no tiene trabajo.
■ ¡Que ______!
5 • Estoy cansado.
■ ¡Que ______!

Adjetivos descriptivos

7 **Escribe el contrario de los adjetivos siguientes.**

1 grande *pequeño*
2 barato ______
3 ancho ______
4 claro ______
5 bonito ______
6 fino ______
7 largo ______
8 antiguo ______
9 bueno ______

9 **Describe cómo van vestidos Tomás y Verónica.**

1 Tomás lleva una gorra gris, ______

2 Verónica lleva una falda verde, ______

8 **Describe las prendas de las imágenes usando los adjetivos del ejercicio 6.**

1 *Calcetines cortos*

2 ______

3 ______

4 ______

5 ______

6 ______

7 ______

COMUNICACIÓN

¿ERES UN/A CONSUMISTA COMPULSIVO/A?

1 Los alumnos del Instituto Valle Inclán, de Málaga, han realizado una encuesta para evaluar el nivel de consumismo de los adolescentes. Contesta las preguntas.

1 Pasas por delante de un escaparate.
- **a** Te quedas mirando por si te interesa algo
- **b** Te deja indiferente
- **c** Entras dentro de la tienda

2 Te acaban de dar la paga.
- **a** Metes parte del dinero en la hucha
- **b** Lo metes en el bolsillo sin prestar mucha atención
- **c** Te vas de compras con los amigos

3 Te vas a comprar unos vaqueros...
- **a** porque los necesitas
- **b** pero al final no te los compras
- **c** por impulso, sin pensarlo

4 ¿Qué te compraste la última vez?
- **a** Una camiseta
- **b** No lo sabes, lo has olvidado
- **c** 2 CD, dos camisetas, un videojuego...

5 ¿De qué compra te arrepientes?
- **a** De ninguna
- **b** De alguna que no te resultó útil
- **c** De muchas, no quiero ni pensarlo

6 ¿Con qué frecuencia sales de compras?
- **a** Cada quince días
- **b** Una vez al mes
- **c** Una vez a la semana

7 ¿Cuántas marcas puedes recordar ahora mismo?
- **a** Recuerdo algunas
- **b** Me suena alguna
- **c** Me conozco casi todas las marcas

8 ¿Qué te parecería un mundo en el que no fueran necesarias las compras?
- **a** Tendría sus ventajas
- **b** Un paraíso
- **c** Un infierno

9 Tu mejor amigo/a va a la última moda y tú...
- **a** intentas ir a la moda pero sin marcas
- **b** no es mi problema
- **c** te sientes mal si no vas como él / ella

2 Ahora mira los resultados y compara tus respuestas con las de tu compañero/a.

Mayoría de a: Consumista moderado
Puedes pasarte bastante tiempo sin comprarte nada y eres capaz de ahorrar para conseguir aquello que realmente te gusta.

Mayoría de b: Poco consumista
No te afecta la moda ni los escaparates te incitan a comprar, en realidad no te gusta ir de compras.

Mayoría de c: Consumista compulsivo
Sólo estás a gusto si vas a la última moda. Necesitas comprar cuanto más mejor.

3 Completa el diálogo con las frases del recuadro.

dónde • creo que no • qué compraste
de cuadros rojos y negros
crees que fue una buena compra

Marta: Ayer fui de compras con Julia.
Amanda: ¿[1] ____________________?
Marta: Unos pantalones [2] ____________________ y una camiseta negra.
Amanda: ¿[3] ____________________?
Marta: En la calle Fuencarral, en Madrid.
Amanda: ¿[4] ____________________?
Marta: Pues, pensándolo bien, [5] ____________, porque tengo un montón de camisetas negras.

DESTREZAS

Leer

1 Lee el texto siguiente sobre la influencia de la música en la apariencia física de los adolescentes. Después, contesta las preguntas.

Raperos, roqueros, góticos, hippies..., cada cual tiene su estilo.

La música que escuchan los jóvenes les dicta lo que deben llevar. Cada género musical tiene sus propios códigos. Así, en 2008, el roquero lleva vaqueros entallados y la mecha rebelde, el aficionado al rap nunca sale sin sus pantalones anchos y su gorra, la gótica casi duerme con sus botas... Pero no siempre se tiene el dinero para vestir como uno quisiera, o los padres, a veces, no dejan que sus hijos adolescentes salgan vestidos así o simplemente ellos no se atreven.

En general, la mayor parte de los estudiantes prefiere confundirse con la masa. En el colegio los que presumen de imagen son siempre una excepción, los que forman un grupo aparte (los raperos con los raperos...). Las chicas son un poco más atrevidas. No les importa llevar complementos, ropa colorista... Se fijan menos en el qué dirán.

La imagen es importante para todos los adolescentes porque habla de sí mismos, especialmente de la música que escuchan y les permite diferenciarse y construir su personalidad.

Adaptación del texto sondeo «Mi música, mi look y yo» de Okapi, noviembre 2008

1 Escribe cuatro estilos de apariencia física.

____

____

2 ¿Cómo se viste un rapero?

____

____

3 ¿Cuáles son los problemas que puede encontrar un adolescente para ponerse lo que quiere?

____

____

4 ¿Quiénes son más atrevidos, los chicos o las chicas? ¿Por qué?

____

____

5 ¿Por qué es importante la imagen para los adolescentes?

____

____

Escuchar

2 Escucha a Yolanda y Marcos hablando sobre su imagen/estilo y la música que escuchan. Después, contesta las preguntas. 45

1 ¿Cuál es el estilo de Yolanda?

____

2 ¿Qué materiales combina en los cinturones?

____

3 ¿Qué lleva puesto normalmente?

____

4 ¿Qué estilo le gusta a Marcos?

____

5 ¿Cómo se viste?

____

6 ¿Qué música escucha cada uno?

____

Escribir

3 Escribe un párrafo contando el estilo que te gusta y la música que escuchas.

____

____

____

____

____

____

5 PERIODISMO Y ACTUALIDAD

VOCABULARIO

1 **Completa el crucigrama con los nombres de las secciones de un periódico.**

HORIZONTALES
1 Noticias sobre negocios.
2 La opinión del periódico.
3 Noticias sobre salas de cine, programas de televisión...
4 Noticias sobre fútbol, tenis...
5 Noticias sobre tu país.

VERTICALES
6 Noticias sobre literatura, arte, música...
7 Noticias sobre hechos de famosos.
8 Noticias sobre otros países.

2 **Relaciona el vocabulario con las definiciones.**

A

1 Quiosco de prensa
2 Periodista
3 Titular
4 Entrevista
5 Anuncio
6 Fotógrafo
7 Revista
8 Portada

B

a Reunión en la que una persona le pregunta a otra sobre algún asunto
b Persona que hace fotos
c Primera página del periódico
d Lugar donde se venden periódicos, revistas...
e Persona que se dedica a escribir para los periódicos
f Frase o palabra que encabeza una noticia.
g Cualquier cosa, escrito o dibujo, con que se anuncia un producto comercial
h Publicación periódica especializada en diferentes temas

3 **Completa las frases con el vocabulario de los ejercicios 1 y 2.**

1 Según la ______________ del periódico, *El niño con el pijama* de rayas empieza a las seis y media en el cine Ideal.
2 Podrás encontrar más noticias sobre la Copa Davis en la sección de ______________.
3 Todos los sábados mi hermano compra una ______________ de coches en el ______________.
4 A Emilio Sánchez Vicario le hicieron una ______________ en el aeropuerto.
5 Mi amiga Merce es ______________, escribe para *El País*.
6 Verdasco y Feliciano aparecieron en la ____________ del periódico, fueron la noticia del día.
7 ¿Has leído el ____________ de esta noticia?
8 La foto de Feliciano y Verdasco sujetando la copa la hizo un ______________ argentino.

GRAMÁTICA

Pretérito imperfecto

1 **Completa el texto con el pretérito imperfecto de los verbos del recuadro.**

cambiar • querer • ir • dar • estar • abrir • preferir
discutir • comprar • hablar • necesitar

Cuando mis amigos y yo [1] ______________ al instituto, Luis siempre [2] ______________ cromos en la tienda de al lado y luego los [3] ______________ con otros chicos. Todos los días en el recreo nosotros [4] ______________ sobre nuestra colección de cromos. Yo [5] ______________ coleccionar futbolistas y Luis coches. Mis amigos [6] ______________ jugar al fútbol, pero Luis en seguida [7] ______________ la mochila y nos [8] ______________ justo los cromos que [9] ______________.
Siempre [10] ______________ juntos y nunca [11] ______________.

2 **Cristina estudiaba danza en el Conservatorio, hasta ayer que empezó a bailar en el ballet de Víctor Ullate, para un programa de danza en Televisión Española. Su vida ha cambiado. Escribe las frases, como en el ejemplo.**

Antes
1 ir / a clase de danza por la mañana
2 bailar / cinco horas al día
3 comer / en el Conservatorio
4 siempre / llevar / el pelo corto
5 estudiar / música por la tarde
6 sus amigos y ella / quedar / en la plaza

Ayer
1 empezar / su gira con el ballet de Víctor Ullate
2 ensayar / durante seis horas
3 sus compañeros y ella / comer con Tamara Rojo
4 hacerse un moño
5 bailar / en el Teatro Real de Madrid
6 sus amigos y ella / quedar / en el Teatro Real

1 *Antes Cristina iba clase de danza por la mañana. Ayer empezó su gira con el ballet de Víctor Ullate.*
2 ______________________________
3 ______________________________
4 ______________________________
5 ______________________________
6 ______________________________

Pretérito imperfecto / Pretérito indefinido

3 **Completa el texto con la forma correcta (pretérito imperfecto o pretérito indefinido) del verbo entre paréntesis.**

ÁNGEL CORELLA

Ángel Corella está considerado el mejor bailarín del mundo por los críticos más especializados y ocupa la plaza de bailarín principal del American Ballet Theatre de Nueva York. Recientemente ha creado su ballet Corella Ballet Castilla y León.

[1] __________ (nacer) en Madrid en 1975. A los seis o siete años ya [2] __________ (bailar) en su casa de Colmenar Viejo e incluso [3] __________ (crear) coreografías. Mientras sus hermanas [4] __________ (tener) su clase de ballet, él [5] __________ (ir) a clase de judo. Hasta que un día un niño [6] __________ (romperse) la nariz y Ángel [7] __________ (decidir) no volver.

Su hermana y él [8] __________ (estudiar) en la escuela de Víctor Ullate y a los 15 años [9] __________ (ganar) el Premio Nacional de España en Valencia.

En 1994 [10] __________ (conseguir) el Gran Premio y la Medalla de la Villa de París. En 1996, al cumplir 21 años, [11] __________ (llegar) a bailarín principal del American Ballet Theatre.

4 **Corrige el error que hay en cada una de las siguientes frases.**

1 Las televisiones antes fueron en blanco y negro.

____

2 Cuando venían mis amigos, mi madre preparó la merienda.

____

3 Alejandra y yo íbamos al cine el domingo pasado.

____

4 Cuando mi abuela tenía nueve años, vivió en el pueblo.

____

5 La primavera pasada aprendíamos español en México.

____

6 Ramón y Blanca tenían una perra que se llamó Trufa.

____

7 Cuando fue joven, mi padre jugaba en un equipo de baloncesto.

____

8 El domingo comí pasta con almejas y me gustaba mucho.

____

9 Antes hubo menos periódicos que ahora.

____

10 Cuando llegué al teatro, mis amigos no estuvieron.

____

Imperativo afirmativo / negativo

5 **Completa la tabla usando las formas del imperativo.**

LLAMAR		
	Afirmativo	Negativo
tú	llama	[3] ________
usted	[1] ________	no llame
vosotros/as	[2] ________	[4] ________
ustedes	llamen	no llamen
HACER		
	Afirmativo	Negativo
tú	[5] ________	no hagas
usted	haga	no haga
vosotros/as	haced	[7] ________
ustedes	[6] ________	[8] ________
VENIR		
	Afirmativo	Negativo
tú	[9] ________	no vengas
usted	venga	[11] ________
vosotros/as	[10] ________	no vengáis
ustedes	vengan	[12] ________

6 **Completa las frases con la forma del imperativo.**

1 Nuria, por favor, (coger) ________ el teléfono.
2 Niños, (sentarse) ________ en vuestros sitios.
3 (No hacer / vosotros) ________ la entrevista.
4 Chicos, (venir) ________ pronto. Cenamos en casa de los tíos.
5 Juan, (no ir) ________ por el parque, es muy tarde.
6 Señora, por favor, (traer) ________ toda la documentación.
7 (Dar / tú) ________ el periódico al profesor de lengua, por favor.
8 (Leer / ustedes) ________ el artículo de Javier Marías.
9 Chicos y chicas, (no escribir) ________ encima de las mesas.
10 (Tener / usted) ________ cuidado, hay hielo en la carretera.

7 **Contesta las preguntas como en el ejemplo.**

- ¿Lo leo en alto?
- Sí, *léelo*.

1 ● ¿Me pongo la bufanda?
■ Sí, ________.
2 ● ¿Quieres que compre el periódico?
■ No, ________.
3 ● ¿Le dejo los CD de Mago de Oz a Pedro?
■ Sí, ________.
4 ● ¿Puedo hacer los deberes en casa de Alba?
■ Sí, ________.
5 ● ¿Te llamo por teléfono esta noche?
■ No, ________.
6 ● ¿Puedo llevarme el móvil al instituto?
■ No, ________.
7 ● ¿Te escribo un *e-mail* cuando llegue?
■ Sí, ________.
8 ● ¿Puedo ponerme tus zapatos rojos?
■ Sí, ________.

8 **Traduce las siguientes frases a tu idioma.**

1 Antes leía el periódico todos los días.
____
2 Cuando mi abuela tenía cinco años, no iba al colegio.
____
3 Nos conocimos cuando éramos pequeños.
____
4 Mientras mi madre hacía la cena, yo puse la mesa.
____
5 El verano pasado fuimos a la playa.
____
6 Mañana no traigáis los libros.
____
7 Leticia y Verónica trajeron ayer una tarta de chocolate.
____
8 Mi hermano antes trabajaba en un quiosco de periódicos.
____
9 Ramón empezó a trabajar como periodista cuando tenía 25 años.
____

COMUNICACIÓN

1 Lee el póster informativo sobre Reporter@s del Planeta Tierra. Completa la información con las palabras del recuadro.

informativo • vídeo • periodistas • geológico
15 de mayo • Valencia • reportaje • trabajo

Reporter@s DEL PLANETA TIERRA

¿CÓMO CONVERTIRSE EN [1] __________ CIENTÍFICOS?

Vuestro [2] __________ consistirá en la elaboración de un reportaje [3] __________ sobre un aspecto [4] __________ del planeta que os llame la atención.

El [5] __________ se ilustrará con fotografías y se aportará una cinta de [6] __________.

PLAZO DE ENVÍO

Enviar antes del [7] __________.

PREMIOS

Entrega de premios en [8] __________.

2 Lee la conversación entre Jaime y su profesora de Ciencias Naturales. Relaciona cada pregunta con su respuesta.

Blanca: Bueno, chicos, este año se ha declarado el año internacional del planeta Tierra y creo que puede ser muy interesante que participemos en el Concurso de Reporter@s del Planeta Tierra.
Jaime: ¿[1] ______________________?
Blanca: Vamos a elaborar un reportaje de fotografía y un reportaje de vídeo.
Jaime: ¿[2] ______________________?
Blanca: El reportaje de fotografía debe estar formado por imágenes originales con un texto explicativo de cada una de ellas y el reportaje de vídeo debe tener una duración mínima de 5 minutos.
Jaime: ¿[3] ______________________?
Blanca: Alumnos de secundaria con un profesor. El número máximo de alumnos que pueden participar por clase es de 35.
Jaime: ¿[4] ______________________?
Blanca: Una cámara de vídeo y cámaras digitales de fotos.
Jaime: ¿[5] ______________________?
Blanca: Lo primero es repartirnos en dos equipos, unos se encargan de la fotografía y otros del vídeo. Antes tenemos que decidir sobre qué aspecto geológico vamos a hacer el reportaje.
Jaime: ¿[6] ______________________?
Blanca: Para el colegio material fotográfico, videocámaras y cámaras digitales, y para vosotros un fin de semana en el Parque Nacional de Cabañeros (Toledo y Ciudad Real) con estancia y visita guiada.

a ¿Quiénes pueden participar?
b ¿Qué premios ofrece el concurso?
c ¿Qué tenemos que hacer para empezar a trabajar?
d ¿En qué consiste el concurso?
e ¿Qué necesitamos?
f ¿Cómo tiene que ser?

3 Escucha y corrige tus respuestas. 46

4 Busca dentro de la clase alguien que:
- Haya participado en un concurso
- Haya ganado un premio
- Le guste la fotografía
- Quiera ser periodista

DESTREZAS

Leer

1 Lee el siguiente artículo sobre los móviles y los adolescentes. Después, contesta las preguntas.

Cuando salimos a la calle, montamos en un autobús, vamos al cine o damos un paseo, no es raro ver a casi todos los adolescentes con su móvil en los bolsillos, charlando o enviando mensajes.
Según las estadísticas de los principales operadores de telefonía móvil, cada terminal envía al día una media de veintinueve mensajes. Este dato nos puede dar una idea de la cantidad de dinero que mueve la telefonía celular y de la realidad de la adicción a los móviles.
La telefonía móvil da libertad de movimientos. Se puede llamar desde cualquier sitio y en cualquier momento, así como enviar y recibir mensajes cortos, pero su gasto es mayor que si usamos el teléfono fijo y la factura la pagan los padres.
El 97,9 % de los adolescentes españoles de entre 12 y 17 años tiene teléfono móvil, y la edad a la que comienzan a usarlo es muy temprana, el 34 % lo hace cuando tiene entre 8 y 10 años, mientras que el 45 % lo hace entre los 10 y los 12 años. La mayoría lo considera una necesidad y les gusta estar localizados. Además creen que no debería estar prohibido su uso en los colegios e institutos.

1 ¿Cuántos mensajes se envían al día por cada teléfono?
____

2 ¿Cuáles son las ventajas de la telefonía móvil?
____

3 ¿Quién paga la factura?
____

4 ¿Qué porcentaje de adolescentes españoles entre 12 y 17 años tiene móvil?
____

5 ¿A qué edad empiezan los españoles a tener un móvil?
____

6 ¿Qué piensa la mayoría de los adolescentes sobre el uso del móvil?
____

Escuchar

2 Esta tarde, a la salida del instituto, Raquel González ha preguntado a los alumnos «¿Para qué sirve estar informado?». Escucha lo que contestan Elvira, Ramiro y Teresa y completa las frases. 47

1 Elvira piensa que estar informada sirve para conocer lo que [1] _______________, para ser [2] _______________ y sugiere leer [3] _______________ y ver [4] _______________.
2 Ramiro cree que es importante estar informado para [5] _______________ en temas de [6] _______________.
3 Teresa piensa que hay que [7] _______________ del cambio climático.

Escribir

3 Une las frases de la columna A con las de la columna B, utilizando los conectores del recuadro.

por eso • aunque • sin embargo • por lo tanto

A

1 Estar informado es importante,...
2 Ayudar a los demás es interesante,...
3 La mayoría de mis amigos están enganchados al móvil,...
4 Todos los días entro en internet...

B

a ... yo no tengo tiempo.
b ... no tenga mucho tiempo.
c ... leo los periódicos y veo las noticias.
d ... deberíamos ser más solidarios.

1 _______________
2 _______________
3 _______________
4 _______________

6

¡Nos vamos de concierto!

VOCABULARIO

1 Mira los dibujos y escribe los nombres de los músicos.

1 ______

2 ______

3 ______

4 ______

5 ______

6 ______

7 ______

8 ______

2 Busca diez instrumentos en la sopa de letras.

S	B	I	A	C	O	R	D	E	Ó	N	E
A	R	S	T	L	S	A	Ñ	V	R	E	G
X	U	W	Q	A	P	I	S	W	M	L	H
O	F	E	N	R	A	Z	U	K	D	A	B
F	I	C	A	I	Ñ	Y	E	I	T	X	V
Ó	R	I	T	N	O	A	M	E	B	O	I
N	F	W	L	E	N	T	P	I	A	N	O
F	L	A	U	T	A	M	E	S	J	W	L
A	O	H	P	E	O	L	O	I	O	G	Í
X	Q	L	S	R	E	V	D	S	B	K	N
G	U	I	T	A	R	R	A	Ñ	Q	Ñ	O
A	J	T	E	K	I	W	L	U	L	A	S

1 ______
2 ______
3 ______
4 ______
5 ______
6 ______
7 ______
8 ______
9 ______
10 ______

3 **Completa el texto con las palabras del recuadro.**

tambores • cantantes
musical • ritmo
espectáculo • coro
batería • espectadores
saxofonistas • gira • orquesta
directora • entradas

El sábado pasado mis amigos y yo fuimos al Teatro de Madrid y sacamos unas [1] __________ para ver *Africa Umoja*, un [2] __________ sudafricano.
La [3] __________ Todd Tuwala ha conseguido un [4] __________ lleno de alegría y fuerza. Su música, desde los [5] __________ y la danza de las tribus hasta la música actual con su [6] __________ compuesta por un bajista, un [7] __________ y dos [8] __________ contagiaron su energía y [9] __________ a todos los [10] __________.
La brillante interpretación de sus [11] __________ y el [12] __________ nos emocionaron.
En fin, todo un éxito, un concierto espectacular con 32 artistas en [13] __________ por todo el mundo.

GRAMÁTICA

Pretérito pluscuamperfecto / pretérito indefinido

1 **Completa el correo electrónico con el pretérito pluscuamperfecto de los verbos entre paréntesis.**

Enviar Chat Adjuntar Agenda Tipo de letra Colores Borrador
Para:
Asunto:

Ayer en clase de español nos lo pasamos muy bien. La profesora nos contó que el fin de semana pasado [1] __________ (estar) en Valencia. Allí [2] __________ (quedar) con unos amigos. Su amiga Lucía les [3] __________ (invitar) a comer arroz en un restaurante del puerto y les [4] __________ (regalar) unas entradas para escuchar un concierto en el Palacio de las Artes.
Nos dijo que luego, por la tarde, sus amigos y ella [5] __________ (escuchar) un concierto genial de Joan Manuel Serrat y que [6] __________ (bailar) y cantado hasta las 12 de la noche.
El domingo fueron al Oceanográfico, porque algunos de sus amigos nunca [7] __________ (ir), pero cuando llegaron el Oceanográfico ya [8] __________ (cerrar).

2 **Completa las frases con el pretérito indefinido o el pretérito pluscuamperfecto de los verbos entre paréntesis.**

1 Eran las seis y todavía no __________ (salir) de casa.
2 Cuando llegamos al cine, la película ya __________ (empezar).
3 Miré el reloj y me __________ (ir) a la FNAC a comprarme un CD.
4 Les mandé un mensaje a mis amigos y les __________ (esperar) en la tienda de música.
5 Cuando mis amigos salieron del cine, yo ya __________ (escuchar) todo el disco.
6 Uno de ellos se enfadó conmigo porque no le __________ (dar) la entrada.
7 Luego nos fuimos a una pizzería y nos __________ (comer) una pizza riquísima.
8 A la hora de irnos a casa __________ (empezar) a llover y ninguno __________ (traer) un paraguas.

3 **Une las frases de la columna A con las de la columna B, utilizando el pretérito indefinido o el pretérito pluscuamperfecto de los verbos que están entre paréntesis.**

A

1 Cuando yo (llegar)
2 Cuando Elena (ir) a Mallorca el 1 de agosto
3 Cuando nosotros (abrir) el correo
4 Cuando yo (empezar) a comer
5 Cuando tú (llamarme)
6 Cuando Ana (regalarme) el libro

B

a María (escribir) un *e-mail*
b Ángel (terminar) el postre
c El concierto (empezar)
d Yo (leer) en el verano
e Yo (volver)
f Yo (salir) de casa

1 ______________________ 4 ______________________
2 ______________________ 5 ______________________
3 ______________________ 6 ______________________

4 **Diego y Marta fueron de viaje de fin de curso a Galicia. Escribe todas las cosas que nunca antes habían hecho.**

1 dormir en tienda de campaña
Nunca habían dormido en tienda de campaña

2 comer pulpo
____

3 hacer surf
____

4 estar en un festival de música celta
____

5 visitar la catedral de Santiago de Compostela
____

6 montar a caballo
____

7 bucear
____

8 nadar en el Océano Atlántico
____

5 **Completa el texto con la forma correcta de los verbos del recuadro. Usa el pretérito indefinido o el pretérito pluscuamperfecto.**

tener • no poder • dejar • visitar • decidir • estar • cerrar • no reservar • ir (x2) • llegar • llamar

Ayer pasamos el día en Segovia, pero cuando [1] ______________ a la estación del tren, Javier se [2] ______________ los billetes en casa. Así que [3] ______________ por teléfono a su hermana para que nos los trajera.
Cuando llegó, [4] ______________ corriendo al andén, pero el tren ya se [5] ______________. Al final [6] ______________ que esperar al próximo.
Por la mañana, [7] ______________ el Acueducto y la Casa de Antonio Machado. A las dos fuimos a un restaurante, pero como [8] ______________ mesa, [9] ______________ comer.
Por la tarde, cuando [10] ______________ ver el Alcázar, ya lo [11] ______________. Después fuimos a los Jardines del Palacio Real, aunque Javier ya [12] ______________.

Adverbios de modo

6 **Completa las frases con el adverbio del recuadro.**

mal • despacio • alto • deprisa • bien • bajo

1 Habla más ______________ que no te oímos.
2 Este disco suena muy ______________. Me lo voy a comprar.
3 La entrevista ha salido ______________. Hay que repetirla.
4 No conduzcas tan ______________, podemos tener un accidente.
5 Habla más ______________, ella no entiende español muy bien.
6 Si cantas tan ______________ no te oirá el público.

7 **Forma adverbios de los siguientes adjetivos.**

1 **rápido** ______________
2 **último** ______________
3 **tranquilo** ______________
4 **profundo** ______________
5 **fijo** ______________
6 **libre** ______________
7 **serio** ______________
8 **lento** ______________
9 **feliz** ______________
10 **duro** ______________

8 **Traduce las siguientes frases a tu idioma.**

1 Cuando ellos llegaron, nosotros ya habíamos comprado las entradas.
____
2 Yo nunca había escuchado flamenco.
____
3 Manuel tocó la batería muy bien.
____
4 Mis amigos nunca habían estado en un concierto de Dover.
____
5 Cuando te llamé por teléfono, ya habías salido de casa.
____
6 La profesora de francés habla muy deprisa.
____
7 Alba bailó las sevillanas perfectamente.
____
8 Cuando Jesús terminó el examen, la profesora había salido de clase.
____

COMUNICACIÓN

1 **Lee el cartel del concierto de Estopa en Palma de Mallorca y contesta las preguntas.**

1 ¿Dónde es el concierto?

____

2 ¿Qué día es el concierto?

____

3 ¿A qué hora empieza?

____

4 ¿Cuándo se abren las puertas?

____

5 ¿Qué disco van a presentar?

____

6 ¿Dónde puedes comprar las entradas?

____

2 **Lee el diálogo y complétalo con las frases del recuadro.**

¿Qué tal tiempo hizo? • ¿Dónde actuaron?
¿Qué temas tocaron? • ¿Fuiste solo?
¿Qué tal fue el concierto?

LUIS: ¿Qué tal las vacaciones de verano?
GERMÁN: Fantásticas. Estuve en Mallorca y vi el concierto de Estopa.
LUIS: [1] _______________
GERMÁN: En la Plaza de Toros.
LUIS: [2] _______________
GERMÁN: Genial, la plaza estaba llena de gente, todo el mundo cantaba y bailaba. Me lo pasé fenomenal.
LUIS: [3] _______________
GERMÁN: No, fui con unos amigos de la playa. Elena y Sandra, como son fans, estuvieron dos horas antes de que abrieran.
LUIS: [4] _______________
GERMÁN: Mucho calor.
LUIS: [5] _______________
GERMÁN: «Malabares», «Cuando amanece», «Fin de semana»...

3 **Escucha y practica con tu compañero/a.** 31

4 **Prepara un diálogo con tu compañero/a sobre algún concierto en el que hayáis estado. Utilizad las preguntas del ejercicio 2.**

DESTREZAS

Leer

1 **Lee la descripción del festival de música donde estuvo Julia este verano.**

En julio fui por primera vez con mis amigas al Festival de Música Celta de Ortigueira, en Galicia. Cuando llegamos no podíamos creer lo grande que era el sitio y la cantidad de gente que había (según cifras del Ayuntamiento éramos 90 000 espectadores).
A pesar de la lluvia, pusimos nuestra tienda de campaña y nos fuimos a dar una vuelta. La mayoría de la gente estaba comprando algo para comer en los diferentes puestos. Había comida de muchas partes del mundo y probamos un poco de todo.
El Festival se abrió con Xochilmica y La Banda das Crechas.
Fue emocionante escuchar a miles de jóvenes coreando las canciones de los históricos The Dubliners el domingo de madrugada. Durante el día también había otras actividades, como espectáculos de teatro y talleres de percusión.
Las 96 horas de música en libertad y el ambiente positivo del festival fue lo mejor. Nos lo pasamos realmente bien y ya estamos pensando en volver el próximo año.

1 ¿Dónde fueron Julia y sus amigas en julio?

____

2 ¿Qué tiempo hizo y dónde durmieron?

____

3 ¿Cuántos espectadores había en el festival?

____

4 ¿Por qué fue emocionante el domingo de madrugada?

____

5 ¿Qué otras actividades había?

____

6 ¿Qué fue lo que más le gustó a Julia?

____

Escuchar

2 **Escucha la canción *Si no te hubieras ido*, de Maná, y ordénala numerando cada verso.** 32

☐ El espejo no miente, me veo tan diferente.
☐ Despierto y te recuerdo al amanecer.
☐ Te extraño más que nunca y no sé qué hacer.
☐ Me espera otro día por vivir sin ti.
☐ El ritmo de la vida me parece mal.
☐ Me haces falta tú.
☐ sí que era diferente cuando estabas tú.
☐ La gente pasa y pasa siempre tan igual.
☐ Era tan diferente cuando estabas tú,

☐ El frío de mi cuerpo pregunta por ti,
☐ Nooo.
☐ Si no te hubieras ido sería tan feliz.
☐ No hay nada más difícil que vivir sin ti.
☐ y no sé donde estás.
☐ Sufriendo en la espera de verte llegar.

☐ Era tan diferente cuando estabas tú,
☐ La gente pasa y pasa siempre tan igual.
☐ sí que era diferente cuando estabas tú.
☐ El ritmo de la vida me parece mal.

☐ Nooo.
☐ No hay nada más difícil que vivir sin ti.
☐ El frío de mi cuerpo pregunta por ti,
☐ Si no te hubieras ido sería tan feliz.
☐ Sufriendo en la espera de verte llegar.
☐ y no sé dónde estás.

☐ Sufriendo en la espera de verte llegar,
☐ Nooo.
☐ Si no te hubieras ido sería tan feliz.
☐ No hay nada más difícil que vivir sin ti.
☐ y no sé dónde estás.

☐ ...Si no te hubieras ido sería tan feliz...

Escribir

3 **Describe un festival de música donde hayas estado o el estilo de música que más te gusta.**

____
____
____

7

¿Qué quieres ser?

VOCABULARIO

1 Profesiones. Completa las palabras con la vocal correcta.

m_c_n_c_   c_c_n_r_   v_t_r_n_r__

p_l_c__   f_nt_n_r_   c_nt_nt_   pr_f_s_r_

_l_ctr_c_st_   m_d_c_   _lb_ñ_l

2 Relaciona las palabras del ejercicio 1 con las imágenes.

1 *cantante*

2 ______

3 ______

4 ______

5 ______

6 ______

7 ______

8 ______

9 ______

10 ______

3 Escribe el femenino de las siguientes profesiones.

1 actor ______
2 pianista ______
3 dependiente ______
4 informático ______
5 abogado ______
6 escritor ______
7 alcalde ______
8 periodista ______
9 juez ______
10 médico ______

4 **Completa el crucigrama con distintas profesiones.**

HORIZONTALES

1 La ______________ defendió al acusado.
2 Laura Gallego es la __________ de *Memorias de Idhum*.
3 El _____________ preparó una paella deliciosa.
4 La nueva _____________ del grupo de pop *La Oreja de Van Gogh*, se llama Leire Martínez.
5 Los __________________ españoles que más me gustan son Javier Bardem y Carmelo Gómez.

VERTICALES

6 El ____________ que me atendió en la tienda era muy simpático.
7 Naomi Campbell es una de las _____________ más famosas.
8 Los _________________ trabajaron mucho para terminar los pisos.

GRAMÁTICA

Cuando + presente de subjuntivo

1 **Relaciona A con B.**

A

1 Cuando termines la tarea, …
2 Cuando vaya a la playa, …
3 ¿Puedo ponerme tus pantalones nuevos de cuadros…
4 Cuando nieve, …
5 Cuando veas a María, …
6 Cuando llegue a casa, …
7 ¿Escribimos un *e-mail* a Luis…
8 Cuando sea mayor, …

B

a … iremos a esquiar a Navacerrada.
b … no te olvides de darle este libro.
c … saldrás con tus amigos.
d … cuando lleguemos a casa?
e … viviré en el campo.
f … cuando vaya a la fiesta de cumpleaños de Ana?
g … haré un curso de buceo.
h … te llamaré por teléfono.

2 **Lee y completa las instrucciones para jugar al *Monopoly*.**

1 Cuando _______________ (empezar) el juego, todos los jugadores tendrán la misma cantidad de dinero.
2 Cuando _____________ (tocarte) el turno, tirarás el dado.
3 Cuando _____________ (caer / tú) en la casilla de la cárcel, perderás dos turnos.
4 Cuando _____________ (pasar / tú) por la salida, recibirás dinero de la banca.
5 Cuando _____________ (querer / tú) comprar propiedades, tendrás que caer en una casilla vacía.
6 Cuando _____________ (coger / tú) una carta de la suerte, tendrás que leerla en voz alta.
7 Cuando __________________ (perder / tú) tu dinero, podrás vender tus propiedades.
8 Cuando todos los jugadores menos uno ____________ (quedarse) sin dinero, se acabará el juego.

Cuando + indicativo / subjuntivo

3 Elige la forma correcta.

1 Cuando termino / termine de leer *Crepúsculo*, me compraré *Luna nueva*.
2 Cuando acaba / acabe la película, cenaremos.
3 Cuando vas / vayas a trabajar, tendrás que levantarte más temprano.
4 Cuando estuvimos / estemos en Córdoba, visitamos La Mezquita.
5 Cuando llegas / llegues a Madrid, iré a buscarte al aeropuerto.
6 ¿Qué te dijo tu madre cuando perdiste / perderás el móvil?
7 Todos los días, cuando va / vaya a trabajar, toma un café en esa cafetería.
8 Cuando llegue / llegó su hermano, el concierto había empezado.
9 Siempre me llamas cuando esté / estoy en clase.
10 Apagaré el ordenador cuando escriba / escribo este correo.
11 ¿Qué haces cuando tienes / tengas vacaciones?
12 Cuando vayas / vas a un *casting*, tienes que ir preparado.
13 Os hicieron muchas fotos cuando ganáis / ganasteis la copa de baloncesto.
14 Os invitaré a cenar en un restaurante japonés cuando apruebo / apruebe el carné de conducir.

4 Completa la conversación con la forma correcta del verbo entre paréntesis.

Inés: ¿Qué *hacías* (hacer) cuando [1] ________ (ir) de campamento?
Jorge: Cuando yo [2] ________ (ser) pequeño, [3] ________ (ir) de campamento a la montaña. Cuando [4] ________ (hacer) buen tiempo, nosotros [5] ________ (nadar) en la piscina, [6] ________ (montar) a caballo y [7] ________ (hacer) muchas actividades de aventura. Cuando [8] ________ (llover), [9] ________ (jugar) al ajedrez o a juegos de mesa.
Inés: ¿Te gustaba la comida?
Jorge: No mucho, y cuando [10] ________ (tener) hambre, [11] ________ (comprar) golosinas en la cafetería del albergue.
Inés: ¿Echabas de menos a tus padres?
Jorge: Los dos primeros días, cuando [12] ________ (ser) la hora de dormir, [13] ________ (acordarme) mucho de ellos, pero cuando [14] ________ (tener) que volver, no [15] ________ (querer) despedirme de mis nuevos amigos.

Obligación y necesidad (*hay que* + infinitivo)

5 Completa las frases con *hay que* o *tengo / tienes / tiene... que*.

1 Para conseguir amigos *hay que* hablar con la gente.
2 No puedo salir con vosotros el sábado porque ________ ir a casa de mis tíos.
3 Juan, ________ preparar tu maleta.
4 Después de comer ________ lavarse los dientes.
5 Irene me ha dicho que esta tarde ________ que estudiar historia.
6 Si queremos ganar el partido, ________ jugar mejor.
7 Antes de empezar a escribir, ________ leer todas las preguntas.
8 Si quieres ir a ver a Mayumana, ________ comprar las entradas ya.
9 Fernando ________ pasar un año en Valladolid para aprender español.
10 Yo no ________ llevar uniforme en mi instituto.

6 Piensa en las obligaciones que tienes que cumplir hoy después de clase.

Tengo que hacer los deberes antes de las ocho de la tarde.

1 ________
2 ________
3 ________
4 ________
5 ________

7 **Escribe ocho frases verdaderas usando las frases o palabras de cada uno de los recuadros A, B o C.**

A	B	C
Yo Tú Mi madre	tiene que tengo que tienes que no tiene que no tengo que no tienes que	ir al colegio trabajar en una oficina tener 18 años para votar hacer exámenes cocinar todos los días ordenar tu dormitorio

1 Yo ______
2 Tú ______
3 Mi madre ______
4 Yo ______
5 Tú ______
6 Mi madre ______
7 Yo ______
8 Mi madre ______

8 **En cada una de las frases siguientes hay un error. Corrígelo.**

1 Cuando yo soy pequeño, pasaba las vacaciones en el pueblo.
______
2 Cuando haces los deberes, podrás escuchar música.
______
3 ¿Siempre cierras el grifo cuando te laves los dientes?
______
4 Nosotros hay que esforzarse más para aprobar todos los exámenes.
______
5 Si quieres hablar bien un idioma, tiene que vivir una temporada en el país nativo.
______
6 Cuando tengo trabajo, me compraré un coche nuevo.
______

9 **Traduce las siguientes frases a tu idioma.**

1 Cuando llegaba tarde a casa, mi madre me echaba una bronca.
______
2 Cuando mi hermano sea mayor, estudiará Medicina.
______
3 Nosotros tenemos que levantarnos más pronto.
______
4 Para ser arquitecto hay que dibujar muy bien.
______
5 Cuando el mecánico arregle el coche, nos iremos de vacaciones.
______
6 Te llamaré por teléfono cuando llegue a Valencia.
______
7 Manuel tiene que buscar información sobre Picasso en internet.
______

COMUNICACIÓN

1 **Mira las fotos de los siguientes anuncios de trabajo. Usa las palabras del recuadro para completar los textos.**

musical • arquitecto • taller • cocinero • experiencia • amable • por las mañanas
bailarines • estudio • mecánico • por las tardes • 666125456 • imaginación • dependienta

1

¿Buscas trabajo?
Necesitamos ______ para el ______ *La Bella y la Bestia.* Llámanos al ______.

2

NECESITAMOS chica joven y ______ para trabajar ______ como ______ en una tienda.

3

BUSCAMOS ______ para ______ de coches. Llamar ______, de 10 a 14 horas.

4

JOVEN DE 27 AÑOS, ______, **se ofrece** para trabajar en el ______ de una constructora.

5

SE NECESITA ______ con ______ e ______ para preparar nuevos platos.

2 **Lee el diálogo y complétalo con las frases del recuadro.**

porque se • ¿Y a ti? • ¿Qué te gustaría ser...? • ¿Por qué?
tienes que ser • a mí me gustaría ser • sociable • responsable

Ismael: ¿[1] ______ cuando acabes los estudios?
Leticia: Bueno, [2] ______ periodista.
Ismael: [3] ______
Leticia: Porque me gusta escribir, leer y, sobre todo, viajar, y creo que soy bastante [4] ______ y [5] ______. [6] ______.
Ismael: A mí me gustaría ser informático [7] ______ gana bastante dinero y puedes crear juegos de ordenador.
Leticia: Pues para ser informático, [8] ______ creativo y ambicioso.

3 **Escucha y practica el diálogo con tu compañero/a.** 33

4 **Prepara con tu compañero/a un diálogo como el del ejercicio 2.**

DESTREZAS

Leer

1 **Lee el siguiente texto y contesta las preguntas.**

Charlotte quiere ser voluntaria

He decidido partir en misión humanitaria. Ya hace mucho que pienso en la posibilidad de dedicar parte de mi tiempo a los pobres. Necesito una pausa en mi vida de estudiante: encontrar el propio camino y saber elegir no es tan fácil. Por eso quiero abrirme al mundo, tomarme mi tiempo, encontrarme sola en un país al que nada me une, y ser útil, prestar ayuda humanitaria. Me gustaría trabajar con niños, me encanta su alegría de vivir.

He encontrado una asociación que ofrece una misión de unos meses para atender a los niños de la calle en Madagascar. Tengo que pagármelo todo: billete de avión, alojamiento... Suerte que he ido ahorrando. Antes de partir tengo miles de cosas que hacer: papeles, vacunas, leer guías...

Estoy deseando que empiece todo. Mi trabajo va a consistir en darles clase de francés, jugar con ellos, ser atenta y mejorar su difícil vida cotidiana.

Extracto adaptado de *Yo, Charlotte en misión humanitaria* – OKAPI Diciembre 2008

1 ¿Qué ha decidido hacer Charlotte? ¿Por qué?

____

2 ¿Con quién le gustaría trabajar?

____

3 ¿Dónde va a ir?

____

4 ¿Qué tiene que pagar Charlotte?

____

5 ¿Qué preparativos tiene que hacer?

____

6 ¿En qué va a consistir su trabajo?

____

Escribir

UNA CARTA FORMAL

CAMPAMENTO
en Isla Margarita
(Venezuela)

Para nuestro campamento de verano, **necesitamos** a alguien que le encante el deporte y sepa hacer surf. Escríbenos.

2 **Ordena los siguientes párrafos para formar una carta.**

- ☐ a Muy Señores míos:
- ☐ b se despide atentamente,
- 1 c Santander, 30 de abril de 2009
- ☐ d Tengo 17 años y soy sociable y trabajador. Me encantan los deportes, especialmente nadar y hacer surf. Algún día quiero ser profesor.
- ☐ e A la espera de recibir sus noticias,
- ☐ f También me gustaría saber si tengo que pagarme el billete de avión y las fechas del período de trabajo, ya que en septiembre tengo que empezar el instituto en España.
- ☐ g Me dirijo a ustedes con la intención de solicitar información sobre la oferta de trabajo como monitor en el campamento de verano de Isla Margarita.

3 **Imagina cuál sería el trabajo de verano perfecto para ti. Escribe una carta formal pidiendo información. Usa como modelo la carta del ejercicio 2.**

8 ¡Vacaciones de verano!

VOCABULARIO

1 Completa el crucigrama con el material de playa y montaña.

Horizontales

1 En el campamento mi amigo Pedro y yo compartíamos la misma ________.
2 Mis padres me han regalado una ________ digital.
3 Siempre tienes que llevar una ________ para orientarte por el monte
4 Cuando voy de *camping*, llevo mi ropa en una ________.
5 Cuando viajas en avión, no puedes llevar una ________ de más de 10 kilos.
6 Nunca pasarás frío por la noche en la montaña si duermes en un buen ________.

Verticales

7 Siempre tienes que usar ________ ______ para proteger tu piel del sol.
8 No te olvides la ________ cuando vayas a la playa.
9 En la playa había un concurso de castillos de ________.
10 La linterna no funcionaba porque no tenía ________.

2 Completa el texto con las palabras del recuadro.

arena • tienda de campaña • brújula • repelente
vacaciones • saco • sombrilla • montañas • cámara
playa • crema solar • bosques

Si estás buscando cómo pasar unas [1] ____________ relajantes y librarte del estrés acumulado, ven al Hotel Gran Sol, en la Costa Brava, al noreste de España. Situado junto a una [2] ____________ de fina [3] ____________ y cerca de altas [4] ____________ cubiertas de [5] ____________ de pinos, donde podrás hacer excursiones, incluso de más de un día. El hotel te presta una [6] ____________ y un [7] ____________ para poder dormir en la montaña. Si, finalmente, decides alojarte en nuestro Hotel, no olvides tu [8] ____________ de fotos, la [9] ____________ para sentarte a la sombra en la playa, ni por supuesto la [10] ____________ para no quemarte la piel. Si tienes pensado hacer alguna excursión por la montaña, es aconsejable tener una [11] ____________ para no perderte, así como [12] ____________ para evitar las picaduras de mosquitos. ¡Te esperamos el próximo verano!

GRAMÁTICA

Es + adjetivo + *(que)* + infinitivo / subjuntivo

1 Completa las frases con la forma correcta.

1 Es probable que Ana ________ de casa el año que viene.
   a cambie   b cambiar

2 Es necesario ________ antes de los exámenes.
   a estudies   b estudiar

3 Es obligatorio ________ a todas las preguntas para poder aprobar.
   a respondas   b responder

4 Hoy es tu cumpleaños. Es normal que tus amigos ________ hacerte un regalo.
   a quieran   b querer

5 Es mejor ________ en metro que en coche. Se llega antes.
   a vayas   b ir

6 Juan está en Barcelona. Es imposible que ________ a la fiesta.
   a venga   b venir

7 Es estupendo que ________ pronto. Así podrás venir con nosotros a la fiesta.
   a salgas   b salir

8 El accidente ha sucedido esta mañana. Es probable que lo ________ en las noticias de esta noche.
   a cuenten   b contar

9 Es imposible que no le ________. Estudia en el mismo instituto que tú.
   a conozcas   b conocer

10 Es importante ________ a clase todos los días para aprobar el curso.
   a asistas   b asistir

2 Completa las frases con la forma correcta de los verbos del recuadro.

conducir • apagar • resolver • coger • pensar
acompañar • venir • llover • hablar • asistir • estar

1 Es imposible ________ este ejercicio. ¿Me lo puedes explicar?
2 Está nublado. Es probable que ________ esta tarde.
3 No voy a alquilar un coche en Gran Bretaña porque no es fácil ________ por la izquierda.
4 No es obligatorio ________ a la reunión del martes.
5 No es necesario que nos ________. Sabemos dónde está la salida.
6 ¿No crees que es importante ________ antes de ________?
7 Recuerda que es obligatorio que ________ el móvil antes de que empiece la película.
8 Lo más probable es que Alicia ________ conmigo al concierto. Tengo dos entradas.
9 Es mejor ________ solo que mal acompañado.
10 Está lloviendo. Es mejor que ________ el paraguas.

3 Completa el correo.

acompañar • coger • tener • venir • llegar

Para:

Asunto:

¡Hola, Ángel!

Es estupendo que [1] ________ la semana que viene. Te tengo preparadas un montón de actividades. Es mejor que [2] ________ el avión del lunes, aunque si no has comprado aún el billete, es probable que [3] ________ problemas. De todas maneras, también es fácil [4] ________ en coche. ¿Es imposible que te [5] ________ tu hermana? Ya sabes que a mí me gustaría.

Luis

4 Vuelve a escribir las frases, como en el ejemplo.

1 Tienes que ir al dentista al menos una vez al año.
Es importante que *vayas al dentista al menos una vez al año.*

2 Tenéis que hacer estos ejercicios para aprobar el examen.
Es obligatorio que ______________________________

3 Tengo que coger el tren de las 8 si no quiero llegar tarde.
Es mejor que ______________________________

4 Hay que comprar las entradas unos días antes del concierto.
Es aconsejable ______________________________

5 Tenemos que viajar a España para practicar el español.
Es importante que ______________________________

6 Tienes que traer comida para los gatos porque no queda.
Es necesario que ______________________________

5 Tus compañeros y tú vais a organizar una fiesta en el instituto. El director os ha dado las siguientes instrucciones. Formad frases con palabras de las columnas A, B y C.

A	B	C
Es importante…	… limpiar…	… alumnos de otros institutos.
No es conveniente…	… surgir…	… algún problema. En ese caso, llamad a los conserjes.
Es necesario…	… venir…	… un profesor responsable de la actividad.
No es difícil…	… traer…	… después de la fiesta.
Es obligatorio…	… haber…	… vuestros propios CD.

1 *Es importante que haya un profesor responsable de la actividad.*
2 ______________________________
3 ______________________________
4 ______________________________
5 ______________________________

Uso de la preposición *a*

6 **Completa las frases con la preposición *a* cuando sea necesario.**

1 He visto ___ tu profesora de matemáticas en la biblioteca.
2 Tengo que pedirle ___ la bibliotecaria un nuevo carné para la biblioteca.
3 ¿Has metido ___ tu ropa en la maleta?
4 Todavía no le he comprado el regalo de cumpleaños ___ Sara.
5 ¿Habéis visitado ___ alguna ciudad española este año?
6 ¿Conoces ___ los hermanos de Pedro? Son muy simpáticos.
7 ¿Has enviado ___ un correo ___ Juan?
8 ¿Para qué necesitas ___ un electricista?
9 ¿Has oído ___ las noticias en la radio esta mañana?
10 He llamado por teléfono ___ tu hermano para preguntarle dónde estabas.

7 **Completa las frases con las expresiones del recuadro.**

a menos de 1 € • a la piscina • a -8ºC
a las 2:30 h • a la izquierda • a dieta
a pocos kilómetros • a oscuras
a la cima • a 14 de abril

1 El tren llega ______.
2 • ¿Dónde vais?
■ Vamos ______.
3 Hoy estamos ______.
4 Mis padres están ______, por eso no pueden comer pizzas.
5 Hoy hace mucho frío. En la montaña están ______.
6 Los astronautas van a aterrizar pronto. Están ______ de la Tierra.
7 Se acabaron las pilas de la linterna y nos quedamos ______.
8 Gira ______ y llegaremos a la plaza.
9 El precio de la gasolina ha bajado. Hoy estaba ______.
10 Cuando lleguéis ______ de la montaña, poned la bandera de vuestro país.

8 **Corrige los errores. Dos frases son correctas.**

1 No es normal que llegan tan tarde.
______
2 Es muy importante hagas tus deberes.
______
3 Mis padres no les han gustado nada las notas de mis exámenes.
______
4 No es necesario que vosotros traer agua. Hay muchas fuentes.
______
5 Estamos a pocos kilómetros de Valencia.
______
6 Es obligatorio llevar linternas.
______
7 ¿Tú crees que es necesario que reservamos el hotel antes de ir de vacaciones?
______
8 No he visto a la televisión en toda la semana.
______
9 Tenemos que invitar todos los compañeros a nuestra fiesta.
______
10 ¿Venís acampar con nosotros?
______

COMUNICACIÓN

1 Mira la información sobre el País Vasco. ¿Son las afirmaciones verdaderas o falsas?

¡VEN A CONOCER El País Vasco!

Pasarás unas vacaciones inolvidables. Disfrutarás del arte más vanguardista, de las mejores playas de España y, sin duda, de una gastronomía de fama internacional visitando sus ciudades más importantes.

Bilbao

Donde además de la ciudad antigua, conocida como el «casco viejo», es imprescindible visitar su joya arquitectónica y artística, el Museo Guggenheim, obra del arquitecto Paul Ghery. ¡Y no te vayas sin montar en el metro! Es supermoderno, diseñado por Foster.

San Sebastián

Todo el conjunto arquitectónico del centro de la ciudad es impresionante, destacando las enormes cristaleras que decoran sus fachadas. Su paseo de seis kilómetros al lado de las olas del Cantábrico por las playas de La Concha resulta inolvidable. ¡Y, por supuesto, prueba los mejores pinchos y tapas de toda España!

Vitoria

Sede del gobierno vasco, con una catedral que ha inspirado a importantes escritores como Saramago, Coelho y Follet. Premiada como la ciudad europea con más zonas verdes, también llamada ciudad-bosque, con árboles por todas partes. Su famosa calle de La Cuchillería, llena de discotecas y restaurantes, es el punto de reunión de jóvenes y mayores.

1 El «casco viejo» es la parte más antigua de la ciudad de Bilbao. ☐
2 El Museo Guggenheim y el metro son dos importantes muestras del arte vanguardista en Bilbao. ☐
3 San Sebastián está a orillas del mar Mediterráneo. ☐
4 En San Sebastián se pueden probar algunas de las mejores muestras de la gastronomía española. ☐
5 Importantes obras literarias se desarrollan en la catedral de Vitoria. ☐
6 El clima de la ciudad de Vitoria ofrece un paisaje desértico. ☐

2 Completa la conversación con las frases del recuadro.

No te gustaría • yo prefiero • por qué no quieres
A mí me gustaría • A mí me apetecen

David: ¿Quieres que vayamos de vacaciones al País Vasco este verano?
Sara: [1] ______________ ir a la playa. ¿Hay playas en el País Vasco?
David: ¡Claro que hay playas! Pero [2] ______________ visitar sus ciudades y sus museos.
Sara: ¿Pero [3] ______________ ir a la playa?
David: Podemos hacer las dos cosas. [4] ______________ más unas vacaciones culturales, pero hay tiempo para todo.
Sara: ¿[5] ______________ pasar unos días en la montaña?
David: Por supuesto que sí. El País Vasco ofrece todas las posibilidades: arte, mar y montaña.

3 Escucha y comprueba. Después, practica con tu compañero/a. 34

DESTREZAS

Leer

1 **Lee el texto.**

Unas Vacaciones de Vértigo

¿Qué quieres hacer en vacaciones? A algunos les gusta relajarse en la playa, mientras que otros prefieren conocer sitios nuevos o pasar su tiempo libre haciendo deporte. Pero para algunas personas todo esto sería muy aburrido. Cada vez a más gente le apetecen unas vacaciones más emocionantes. Y si lo que tú quieres es emoción de verdad, ven a PortAventura.

- Monta en el **Furius Baco**, atracción inaugurada en 2007 por el piloto de motos italiano Valentino Rossi. En ella experimentarás una aceleración de 0 a 135 km/h en tan sólo 3,5 segundos.
- Disfruta con la **Kon-Tiki Wave**, barco que se balancea hasta ponerse perpendicular al suelo.
- Súbete al **Dragon Khan**, la montaña rusa que alcanza una velocidad de 110 km/h. Con sus brillantes colores rojo y blanco ha sido el emblema del Parque desde su inauguración.
- Lánzate en caída libre desde el **Huracán Cóndor**, la atracción más alta del mundo con 100 m de altura.
- Monta en los coches de choque **Wild Búfalos** y... disfruta de mil cosas más: espectáculos, animaciones, restaurantes, hoteles... ¡Todo a tu disposición para que pases unas vacaciones de vértigo!

2 **Elige la opción correcta.**

1 Durante las vacaciones mucha gente quiere relajarse, conocer sitios nuevos o hacer deporte, pero a otras personas les apetece:
- **a** conocer a gente divertida ☐
- **b** visitar museos y exposiciones ☐
- **c** tener experiencias emocionantes ☐

2 Si vas a PortAventura podrás:
- **a** montar en moto con Valentino Rossi ☐
- **b** montar en la atracción que inauguró Valentino Rossi ☐
- **c** conocer a Valentino Rossi ☐

3 La atracción Dragon Khan es:
- **a** la atracción más emblemática del parque ☐
- **b** la atracción más alta del parque ☐
- **c** la atracción más rápida del parque ☐

4 Que tus vacaciones serán de vértigo quiere decir:
- **a** que serán muy diferentes ☐
- **b** que serán muy relajantes ☐
- **c** que experimentarás sensaciones físicas muy fuertes ☐

Escuchar

3 **Escucha y completa.** 35

1 PortAventura estará cerrado desde el 6 de enero hasta el ________.
2 En esta temporada ha recibido ________ de visitas.
3 Las visitas internacionales han crecido un ________.
4 En el caso del mercado español, han aumentado las visitas procedentes de Cataluña, ________ y ________.
5 Durante la nueva temporada la oferta de ocio se completará con ________.

Escribir

4 **Imagina que has ido de vacaciones a PortAventura. Escribe un correo a un amigo contándole qué tal te lo estás pasando, en qué atracciones estás montando, de qué otras actividades estás disfrutando...**

9

Hecho en España

VOCABULARIO

1 **Mira las imágenes y escribe los nombres.**

2 ______

3 ______

1 ______

4 ______

5 ______

6 ______

7 ______

8 ______

2 **Relaciona estas definiciones con las palabras del ejercicio 1.**

1 Tiene seis cuerdas y es la base de la música flamenca. ______
2 Arroz, marisco, verduras y aceite de oliva son los ingredientes de este delicioso plato. ______
3 Está fabricado con jugadores de madera y una pelota de corcho. Con él podrás jugar en casa al deporte más popular del mundo. ______
4 Un gran invento que te permite dejar los suelos de tu casa limpios y brillantes sin necesidad de arrodillarte. ______
5 Invento que dio lugar al helicóptero. ______
6 Muchas familias españolas lo utilizaron para viajar en los años 60 y 70. ______
7 Lo necesitarás si quieres beber agua fresca en el campo en un día de verano. ______
8 Gracias a su palo, puedes saborear este caramelo sin mancharte los dedos. ______

GRAMÁTICA

Oraciones finales

1 Elige la forma correcta.

1 Para ir / que vayas a Barcelona puedes coger el tren de alta velocidad.
2 Te lo he dicho para saber / que sepas lo que ocurrió.
3 Buenos días, llamo para preguntar / que pregunte a qué hora empieza el concierto.
4 ¿Para qué quieres / quieras que vaya a tu casa?
5 Abre la ventana para entrar / que entre el aire fresco.
6 Me he comprado este bañador para ir / que vaya a la piscina.
7 Para estar /que estés en forma tenemos que hacer deporte.
8 ¿No sabéis para qué servir / sirve un botijo?
9 Julián ha llamado varias veces esta tarde para quedar / que quede contigo.
10 ● ¿Para qué hablar / has hablado con la profesora?
■ Para que me enseñe / enseña el examen.

2 Completa las frases con *para, para que* o *para qué* y la forma correcta de los verbos del recuadro.

hacer • llamar • aprobar • invitar • comprar
no enfadarse • preguntar • estar • devolver
querer • necesitar • encender • venir

1 Tiene que estudiar muchas horas ________ los exámenes.
2 Si no te gusta el teatro, ¿________________?
3 ● ¿________________ el arroz?
■ ________________ una paella.
4 ● ¿Qué haces ____________ en buena forma?
■ Como siempre comida sana y hago mucho deporte.
5 Estoy ahorrando dinero ________ una bicicleta.
6 No sé ________________ la luz. Aún hace sol.
7 Tienes que ir a la biblioteca __________ el libro que te prestaron la semana pasada.
8 ● ¿______________ Lorena por teléfono ayer?
■ ______________ por la fecha del examen.
9 No se lo voy a decir ____________________.
10 ● ¿____________________ Paloma mi teléfono?
■ ________________ a su fiesta de cumpleaños.

3 Reescribe las frases, como en el ejemplo.

Elena se ha comprado un archivador. Tiene que organizar los apuntes.
Elena se ha comprado un archivador para organizar los apuntes.

1 Tenemos que llamar por teléfono. Hay que comprar las entradas para el concierto.
____
2 ¿Has llamado a Miguel? Tiene que venir a la reunión.
¿____________________?
3 Pídele los apuntes a tu hermano. Tenemos que estudiar para el examen del martes.
____
4 El médico te ha mandado unos antibióticos. Tienes que tomártelos.
____
5 ¡Habla más alto! Quiero oír lo que dices.
____
6 Papá, tienes que darme dinero. Tengo que comprarme unos pantalones.
____
7 Quiero aprobar todo en junio. Pienso irme de vacaciones a la playa.
____
8 ¿Has avisado a Pedro? Tiene que jugar el partido de mañana con nosotros.
____
9 Mis padres y yo queremos ir a Galicia. Nos gusta mucho comer marisco.
____
10 Sólo quedan siete días de clase. Nos van a dar las vacaciones.
____

Contrarios

4 **Clasifica estos adjetivos por su significado: positivo, negativo o ni positivo ni negativo.**

desordenado • imaginativo • insano
descontaminado • inmejorable • ilusionado
increíble • descansado • inmaduro • insensato
desactivado • insolidario • impermeable • desgraciado
impopular • desarrollado • deseable • imprudente
incorrecto • desierto • incómodo

POSITIVO	NI POSITIVO NI NEGATIVO	NEGATIVO
		impopular
descontaminado		
	increíble	

5 **¿Cuáles de los adjetivos del ejercicio 4 son derivados, es decir, tienen prefijo *in-*, *im-*, *i-* o *des-*?**

increíble: *sí, es derivado*
ilusionado: *no hay prefijo*

6 **Forma el contrario de los siguientes adjetivos, utilizando los prefijos *in-*, *im-*, *i-* o *ir-*.**

1 sensible ____________
2 responsable ____________
3 legal ____________
4 tolerante ____________
5 paciente ____________
6 feliz ____________

7 **Completa las frases con los contrarios del ejercicio 6.**

1 México D.F. es una ciudad ____________.
2 Carlos es ____________ a las alabanzas.
3 La gente que es ____________ no le gustan las costumbres diferentes a las suyas.
4 Mi hermana es muy ____________, no le gusta esperar.
5 Eres un ____________, no haces los deberes ni estudias para los exámenes.
6 Hay muchos niños ____________ en el mundo que no tienen familia.

8 **Completa las frases con la forma correcta de uno de los contrarios de los verbos del recuadro, usando el prefijo *des-*.**

conectar • aparecer • ordenar • embarcar • colgar

1 Cuando vienen mis primos a casa, ____________ mi habitación.
2 A final del curso tenemos que ____________ los pósters de las paredes de la clase.
3 ____________ el ordenador antes de irte a la cama.
4 Muchas especies animales ____________ por culpa del hombre.
5 Cristóbal Colón ____________ en América.

Pronombres personales de sujeto, objeto directo y objeto indirecto

9 **Sustituye lo subrayado por un pronombre.**

1 Andrés compró un ordenador nuevo a su hijo.
*Andrés **le** compró un ordenador nuevo.*

2 La profesora explicó las dudas a los alumnos.

3 He invitado a Marisa a mi fiesta.

4 Ana y yo iremos al concierto.

5 Mis abuelos han regalado una bicicleta a mi primo.

6 ¿Dieron a vosotros las gracias?

7 Sus amigos han sacado mejores notas que Pedro.

8 Mis tíos compraron para mí un juego de ordenador por aprobar las matemáticas.

9 Trae a Ángela un café.

10 **Imagina qué pueden representar los pronombres de las siguientes frases.**

Dáselo.
Da a María el lapicero.
Da a Pedro el mensaje.

1 Cuéntamela hoy por favor.

2 Espéralo en la estación de autobuses.

3 Pídeselos para mañana.

4 Déjanosla aquí.

5 Tráemelo.

6 Mírala.

11 **Sustituye los nombres por los pronombres correspondientes. Escribe las dos posibilidades cuando sea posible.**

1 Tienes que cuidar a tus hermanos.
*Tienes que cuidar**los**.*
***Los** tienes que cuidar.*

2 No me cuentes la película.

3 Pide los apuntes a tu compañero.

4 Estoy buscando las llaves.

5 Tenemos que ayudar a sobrevivir a los animales en peligro de extinción.

6 Estamos esperando a Tomás.

12 **Corrige los errores.**

1 Yo creo que hasta ti puedes jugar bien al tenis.

2 Eso le sabe hacer cualquiera.

3 Se los estropeó el coche.

4 Dámelo a yo.

5 Están sonriendo. Hazlos una foto.

COMUNICACIÓN

1 Lee los anuncios del tablón de información y contesta las preguntas.

TALLER DE LUTIERS

Construye, ajusta o repara tus propios instrumentos de cuerda: violines, violas, violonchelos, contrabajos y todo tipo de guitarras (acústica, eléctrica, española y clásica).

Taller de imagen y expresión

Nosotros ponemos una cámara en tus manos y tú muéstranos cómo ves el mundo que te rodea a través de la fotografía artística o de testimonio. Todo un mundo de expresión en tus manos.

Taller de **lenguaje** y **comunicación**

Vamos a sacarle partido a nuestra lengua. Vamos a comunicarnos y a expresar nuestras ideas: realizaremos un periódico y organizaremos un concurso de cómics, para que no se nos quede nada en el tintero.

TALLER DE TEATRO

¿Quieres desarrollar toda tu capacidad de expresión? ¿Quieres subirte al escenario y expresarte con todas las posibilidades de tu cuerpo? Únete a nuestro taller de teatro: mimo, danza, tragedia griega, comedia, teatro vanguardista... ¡Lo vamos a dar todo!

1 ¿En qué taller vas a desarrollar más tu capacidad de expresión oral?

____

2 ¿Y tu capacidad de expresión escrita?

____

3 ¿En qué taller vas a desarrollar más tu capacidad de expresión a través de la imagen?

____

4 ¿Y a través de la música?

____

2 Lee el diálogo y complétalo con las frases del recuadro. Después, escucha y comprueba. 36

Porque desde pequeño
a mí me gustaría
A mí me gustaría
qué quieres hacer
yo me conformo con
¿Y eso?
siempre me ha gustado

Profesora: Aquí tenéis la información sobre los talleres optativos para el curso próximo. Ya sabéis que tenéis que escoger uno y rellenar la solicitud.
Enrique: Rosa, ¿tú [1] _______ el curso que viene?
Rosa: [2] _______ hacer teatro, porque me encanta salir al escenario y representar distintos papeles.
Enrique: Pues [3]_______ hacer el taller de lutiers.
Rosa: ¿Sí? [4] _______
Enrique: [5] _______ estoy estudiando violín en el Conservatorio y tengo mucha curiosidad por aprender a fabricar instrumentos de cuerda.
Rosa: Y tú, Miguel, ¿qué quieres hacer?
Miguel: A mí [6] _______ la fotografía.
Rosa: ¿Quieres hacerte un fotógrafo famoso?
Miguel: No, [7] _______ aprender a hacer buenas fotos y hacer un buen reportaje del viaje de fin de curso.

3 Escucha de nuevo y practica con tu compañero. 36

DESTREZAS

Leer

1 **Lee el texto y di si las afirmaciones son verdaderas o falsas.**

Planet 51: una película de otro planeta

- La productora española Ilion prepara su ambiciosa ópera prima.
- Sus creadores son los mismos que los del videojuego «Comandos».
- Tiene un presupuesto de 60 millones de dólares y distribuidora de lujo.

Película de animación que narra la historia de una familia de extraterrestres que vive tranquilamente en su planeta hasta la llegada de un alienígena (un hombre).

Andar por los madrileños estudios de Ilion supone recorrer grandes salas oscuras, llenas de jóvenes absortos mirando a sus monitores. De las paredes cuelgan extraterrestres afables, pequeños platillos volantes y el mapa de un lugar algo extraño en el que se desarrollará *Planet 51*, la producción animada más ambiciosa de la historia del cine español. 60 millones de dólares y más de 200 profesionales para competir de igual a igual con las mejores películas de animación estadounidenses.

¿De dónde sale *Planet 51*?

¿Qué pasaría si los que temen y terminan sufriendo la llegada de un 'marciano' son los propios extraterrestres? Esta idea ha permitido crear un nuevo mundo, *Planet 51*, utópico y feliz pero también paranoico. Hay películas de alienígenas pero... ¿alguien se ha preguntado qué pensarían ellos si se les apareciera un humano?

La llegada de Joe Stillman, guionista de *Shrek*, terminó de cuadrar la historia, y con Gonzalo Rueda, director técnico del proyecto y un 'clásico' del 3D español, el proyecto no podía fracasar.

Con estos grandes profesionales el éxito de la película está asegurado.

1 Los creadores de *Planet 51* hasta ahora no habían hecho ninguna película. ☐
2 La película trata de una familia de humanos que reciben la visita de un marciano. ☐
3 La película se está realizando en Estados Unidos. ☐
4 Es la película de animación con mayor presupuesto del cine español. ☐
5 El director técnico del proyecto es el mismo de la película *Shrek*. ☐

Escuchar

2 **Escucha la entrevista con el productor de *Planet 51* y completa las frases.** 37

1 En la realización de la película se ha hecho una gran inversión para ________________.
2 La película está ambientada ________________.
3 Ha sido muy original trasladar ________________ a otro planeta.
4 Para conseguir unos buenos resultados hay que elegir las fechas ________ más adecuadas y disponer de una buena ________________.
5 Después del estreno de la película vendrá ________________.

Escribir

3 **Escribe la reseña de una película de animación que te haya gustado para la revista del instituto.**

Transcripciones

CD1

PUNTO DE PARTIDA

Comunicación

40 Ej. 1, pág. 7

AMANDA: ¿Sí, dígame?
ALBA: ¡Hola, soy Alba!
AMANDA: Hola, ¿qué tal?
ALBA: ¿Qué vas a hacer el sábado?
AMANDA: Bueno, nada en especial. ¿Por qué?
ALBA: Tengo dos entradas para ver a Rihanna. ¿Quieres venir conmigo?
AMANDA: Sí, me encantaría. ¿Dónde actúa?
ALBA: En el Palacio de los Deportes, el sábado por la noche.
AMANDA: Vale. ¿Dónde quedamos?
ALBA: ¿Qué tal si quedamos en el metro Goya a las 20.30?
AMANDA: ¡Estupendo! ¿Qué te vas a poner?
ALBA: Unos vaqueros y una camiseta.
AMANDA: Yo también llevaré vaqueros. ¡Hasta mañana!
ALBA: Adiós.

UNIDAD 1

Comunicación

41 Ej. 1, pág. 12

DIEGO: ¿Te gusta estar con tus amigos?
VIRGINIA: Sí, me encanta estar con la gente con la que puedes hablar de tus cosas.
DIEGO: A mí también me gusta.
VIRGINIA: ¿Te gusta ir a la discoteca?
DIEGO: No, no me gustan los sitios muy ruidosos, ¿y a ti?
VIRGINIA: A mí tampoco. Yo prefiero los sitios donde hay poca gente.
DIEGO: ¿Te gusta la música?, porque yo toco el violín.
VIRGINIA: ¡Guau!, tenemos un montón de cosas en común.

UNIDAD 2

Comunicación

42 Ej. 2, pág. 18

ÓSCAR: ¿Le puedo hacer una pregunta?
VIGILANTE: Sí, claro. ¿En qué puedo ayudarte?
ÓSCAR: ¿Puede decirme dónde está el aula Terra?
VIGILANTE: Por supuesto. Está en la planta alta, enfrente de los servicios.
ÓSCAR: ¿Puede decirme dónde están los servicios, por favor?
VIGILANTE: Sube por las escaleras y justo a la derecha los encontrarás.
ÓSCAR: Muchas gracias.
VIGILANTE: De nada.

UNIDAD 3

Comunicación

43 Ej. 2, pág. 24

ANA: Mañana es mi cumpleaños y quiero preparar algo especial.
ELENA: ¿Por qué no compras una tarta de chocolate y unas botellas de coca-cola?
ANA: Eso no me parece muy sano.
ELENA: ¿Qué te parece si hacemos un bizcocho de manzana?
ANA: Vale. ¡Qué buena idea!
ELENA: ¿Tienes huevos, harina, yogur...?
ANA: ¡Voy a mirar en la nevera! Sí, hay muchos huevos, bastantes manzanas y yogures.
ELENA: También necesitamos un poco de aceite de oliva y mantequilla.
ANA: ¿Y azúcar?
ELENA: No demasiada. No te olvides de la levadura.
ANA: Ya tenemos todos los ingredientes. ¿Cuánto tiempo tiene que estar en el horno?
ELENA: 30 minutos. ¿Y para beber, qué vas a comprar?
ANA: Haremos un batido de fresa.
ELENA: ¡Qué rico y qué sano!

Destrezas

44 Ej. 3, pág. 25

MIRIAM: ¿Por qué eres vegetariana, Margarita?
MARGARITA: Porque me parece una opción saludable.
MIRIAM: ¿Cuándo empezaste?
MARGARITA: Empecé hace nueve años.
MIRIAM: Al principio te resultaría difícil, ¿verdad? ¿Entendió tu familia la decisión que tomaste?
MARGARITA: Bueno, al principio les costó entenderlo, pero ahora forma parte de la rutina, ellos ya saben que no tomo ni carne ni pescado.
MIRIAM: ¿Qué tipos de vegetarianos hay?
MARGARITA: Los más numerosos son los ovo-lácteos que toman huevos y leche. Luego están los crudívoros que toman productos no cocinados.
MIRIAM: Cuando comes fuera de casa, ¿tienes problemas en encontrar un menú vegetariano?
MARGARITA: En España es complicado, suelo recurrir a ensaladas, verduras, huevos y queso, salvo en los restaurantes vegetarianos.
MIRIAM: ¿Nos recomiendas algún plato?
MARGARITA: Sí, el seitán al horno con manzana y cebolla caramelizada.

UNIDAD 4

Destrezas

45 Ej. 2, pág. 31

Yolanda
A mí me gusta el nuevo look *hippie*. Intento mezclar un poco de todo. Combino el plástico y el metal en los cinturones, pulseras y collares, y normalmente llevo vaqueros y un bolso típicamente *hippie*. Me encanta La Fuga, Manu Chao y, sobre todo, John Lennon.

Marcos
A mí me gusta el estilo rock. Normalmente llevo camisetas oscuras, vaqueros con agujeros y una cazadora negra de cuero. Llevo el pelo con aire rebelde.
Me gustan los Rolling Stones y tengo muchos discos de Mago de Oz.

UNIDAD 5

Comunicación

46 Ej. 2, pág. 36

BLANCA: Bueno, chicos, este año se ha declarado el año internacional del planeta Tierra y creo que puede ser muy interesante que participemos en el Concurso de Reporter@s del Planeta Tierra.
JAIME: ¿En qué consiste el concurso?
BLANCA: Vamos a elaborar un reportaje de fotografía y un reportaje de vídeo.
JAIME: ¿Cómo tiene que ser?
BLANCA: El reportaje de fotografía debe estar formado por imágenes originales, con un texto explicativo de cada una de ellas, y el reportaje de vídeo debe tener una duración mínima de 5 minutos.
JAIME: ¿Quiénes pueden participar?
BLANCA: Alumnos de secundaria con un profesor. El número máximo de alumnos que pueden participar por clase es de 35.
JAIME: ¿Qué necesitamos?
BLANCA: Una cámara de vídeo y cámaras digitales de fotos.
JAIME: ¿Qué tenemos que hacer para empezar a trabajar?
BLANCA: Lo primero es repartirnos en dos equipos, unos se encargan de la fotografía y otros del vídeo. Antes tenemos que decidir sobre qué aspecto geológico vamos a hacer el reportaje.
JAIME: ¿Qué premios ofrece el concurso?
BLANCA: Para el colegio, material fotográfico, videocámaras y cámaras digitales, y para vosotros, un fin de semana en el Parque Nacional de Cabañeros (Toledo y Ciudad Real) con estancia y visita guiada.

Destrezas

47 Ej. 2, pág. 37

RAQUEL: ¿Para qué sirve estar informado?
ELVIRA: Para conocer lo que ocurre en otros países, enterarnos de los problemas que tienen y ser más solidarios. Yo creo que tendríamos que leer un poco más los periódicos y ver informativos.
Elvira, 14 años

RAMIRO: Para estar al día, a mí me gusta saber lo que ocurre en los deportes o qué película se va a estrenar, pues son temas de conversación que tenemos los amigos.
Ramiro, 15 años

TERESA: Es importante saber lo que hacen nuestros gobiernos, y estar al tanto de noticias como el cambio climático, porque en un futuro nos afectará.
Teresa, 15 años.

CD2

UNIDAD 6

Comunicación

31 Ej. 3, pág. 42

LUIS: ¿Qué tal las vacaciones de verano?
GERMÁN: Fantásticas. Estuve en Mallorca y vi el concierto de Estopa.
LUIS: ¿Dónde actuaron?
GERMÁN: En la Plaza de Toros.
LUIS: ¿Qué tal fue el concierto?
GERMÁN: Genial, la plaza estaba llena de gente, todo el mundo cantaba y bailaba. Me lo pasé fenomenal.
LUIS: ¿Fuiste solo?
GERMÁN: No, fui con unos amigos de la playa. Elena y Sandra, como son fans, estuvieron dos horas antes de que abrieran.
LUIS: ¿Qué tal tiempo hizo?
GERMÁN: Mucho calor.
LUIS: ¿Qué temas tocaron?
GERMÁN: «Malabares», «Cuando amanece», «Fin de semana»...

Destrezas

32 Ej. 2, pág. 43

Te extraño más que nunca y no sé qué hacer.
Despierto y te recuerdo al amanecer.
Me espera otro día por vivir sin ti.
El espejo no miente, me veo tan diferente.
Me haces falta tú.
La gente pasa y pasa siempre tan igual.
El ritmo de la vida me parece mal.
Era tan diferente cuando estabas tú,
sí que era diferente cuando estabas tú.

No hay nada más difícil que vivir sin ti.
Nooo.
Sufriendo en la espera de verte llegar.
El frío de mi cuerpo pregunta por ti,
y no sé dónde estás.
Si no te hubieras ido sería tan feliz.

La gente pasa y pasa siempre tan igual.
El ritmo de la vida me parece mal.
Era tan diferente cuando estabas tú,
sí que era diferente cuando estabas tú.

No hay nada más difícil que vivir sin ti.
Nooo.
Sufriendo en la espera de verte llegar.
El frío de mi cuerpo pregunta por ti,
y no sé dónde estás.
Si no te hubieras ido sería tan feliz.

No hay nada más difícil que vivir sin ti.
Nooo.
Sufriendo en la espera de verte llegar,
y no sé dónde estás.
Si no te hubieras ido sería tan feliz.

...Si no te hubieras ido sería tan feliz...

UNIDAD 7

Comunicación

33 Ej. 3, pág. 48

ISMAEL: ¿Qué te gustaría ser cuando acabes los estudios?
LETICIA: Bueno, a mí me gustaría ser periodista.
ISMAEL: ¿Por qué?
LETICIA: Porque me gusta escribir, leer y, sobre todo, viajar y creo que soy bastante sociable y responsable. ¿Y a ti?
ISMAEL: A mí me gustaría ser informático porque se gana bastante dinero y puedes crear juegos de ordenador.
LETICIA: Pues para ser informático, tienes que ser creativo y ambicioso.

UNIDAD 8

Comunicación

34 Ej. 3, pág. 54

DAVID: ¿Quieres que vayamos de vacaciones al País Vasco este verano?
SARA: A mí me gustaría ir a la playa. ¿Hay playas en el País Vasco?
DAVID: ¡Claro que hay playas! Pero yo prefiero visitar sus ciudades y sus museos.
SARA: ¿Pero por qué no quieres ir a la playa?
DAVID: Podemos hacer las dos cosas. A mí me apetecen más unas vacaciones culturales, pero hay tiempo para todo.
SARA: ¿No te gustaría pasar unos días en la montaña?
DAVID: Por supuesto que sí. El País Vasco ofrece todas las posibilidades: arte, mar y montaña.

Destrezas

35 Ej. 3, pág. 55

PortAventura cerró el pasado domingo 6 de enero la mejor temporada de su historia. Desde que abrió sus puertas el pasado mes de marzo el parque ha recibido más de 4 millones de visitas. Este dato supone un incremento de un 6,6 % respecto al año anterior.
Siguiendo la tendencia de los últimos años ha continuado el crecimiento de visitas internacionales a este destino turístico en un 3%. Los principales visitantes proceden, una vez más, del Reino Unido, Francia seguidos por Rusia y Portugal.
El mercado español ha aumentado el número de visitas de Cataluña en un 11%. También, destacan el crecimiento de visitas procedentes de Madrid y Andalucía.
Furius Baco, la nueva atracción, se ha convertido en la atracción más valorada por los visitantes del parque temático, ya que tres de cada cuatro personas la han calificado como excelente. Esta atracción, única en el mundo, acelera de 0 a 135 km/h en 3,5 segundos, más rápido que un monoplaza de carreras.
PortAventura volverá a abrir sus puertas el próximo 14 de marzo. Durante la nueva temporada la oferta se complementará con la apertura de tres campos de golf.
PortAventura es el destino de vacaciones más completo de Europa, único en cuanto a oferta de ocio y diversión para toda la familia.

UNIDAD 9

Comunicación

36 Ej. 2, pág. 60

PROFESORA: Aquí tenéis la información sobre los talleres optativos para el curso próximo. Ya sabéis que tenéis que escoger uno y rellenar la solicitud.
ENRIQUE: Rosa, ¿tú qué quieres hacer el curso que viene?
ROSA: A mí me gustaría hacer teatro, porque me gusta mucho salir al escenario y representar distintos papeles.
ENRIQUE: Pues a mí me gustaría hacer el taller de lutiers.
ROSA: ¿Sí? ¿Y eso?
ENRIQUE: Porque desde pequeño estoy estudiando violín en el Conservatorio y tengo mucha curiosidad por aprender a fabricar instrumentos de cuerda.
ROSA: Y tú, Miguel, ¿qué quieres hacer?
MIGUEL: A mí siempre me ha gustado la fotografía.
ROSA: ¿Quieres hacerte un fotógrafo famoso?
MIGUEL: No, yo me conformo con aprender a hacer buenas fotos y hacer un buen reportaje del viaje de fin de curso.

37 Ej. 2, pág. 61

ENTREVISTADORA: Hoy en *Versión Española* estamos con Ignacio Pérez Dolset, el productor de *Planet 51*, que nos va a contestar a unas preguntas para nuestro programa. Ignacio, ¿por qué ha sido necesario hacer una inversión de 60 millones de dólares en la película?
IGNACIO: Ha tenido que ser así para que *Planet 51* pueda competir con el mejor cine de animación, el estadounidense. Para conseguirlo, hemos tenido que reunir un equipo de primer nivel y desarrollar la tecnología adecuada.
ENTREVISTADORA: ¿En qué época está ambientada la película?
IGNACIO: La película está ambientada en los años cincuenta porque en esa época se tenía mucho miedo a los marcianos.
ENTREVISTADORA: ¿Qué ha sido lo más divertido de la realización de la película?
IGNACIO: Al hacerla, nos ha resultado muy original trasladar coches y hamburguesas a otro planeta. Peinar a un marciano como un rockero también ha sido divertido.
ENTREVISTADORA: ¿Pero cómo se amortizará la inversión? ¿Cómo estáis seguros de que el esfuerzo tendrá la respuesta esperada?
IGNACIO: Aún nos queda mucho trabajo, y queremos hacer las cosas bien, como hasta ahora. Elegir las fechas de estreno más adecuadas, disponer de una buena publicidad y tener la seguridad de que, cuando un niño se coma una hamburguesa, esté además mirando en la caja un personaje de la película. La cinta será maravillosa, pero cuidaremos los detalles para estrenar en las mismas condiciones que las grandes distribuidoras. Queremos que sea una película muy comercial, que guste a las familias, a creadores, distribuidores y público en general. No queremos decepcionar a nadie.
ENTREVISTADORA: ¿Y después?
IGNACIO: Después vendrá el videojuego, una de las especialidades de la casa, y mucho de lo que no entre en la película estará allí, para aprovechar la creación de un planeta increíble, con su propia gravedad. Todo un mundo de diseños, movimientos y personajes: un mundo que será maravilloso.

notas

notas

notas